気剣体一致の
「改」

黒田鉄山

BABジャパン

型こそ厖大なる遺産そのものであった。

はじめに

現代の日本の武術において、流儀流名を標榜する、いわゆる「古流」といわれるものの多くは、型という一見儀式的形式的な所作をくり返し修錬するものと思われている（と言っても、それは古流武術というものの存在を多少なりとも知っている方達の間において、こんな程度だということである。それ以外の方達においては、そういうものが現代に存続しているということすら知られていない）。

そんな中ではスポーツ的な、というよりほとんどスポーツ競技化している現代武道とくらべて、古流武術の動きは緩慢で動作に重々しさばかりを出そうとしているかのように思われている。また、型のひとつひとつの動作の意味も不明になっていることが多い。そもそも型自体が昔の生活習慣を基にしているため、現代においてはもはやそんな型を学ぶことになんら意義を見いだせないでいる。まして、格闘性という観点からは、着物に袴という恰好ではその運動性において不便なことはなはだしい。等々、あげればきりがないほど現代的視点からすると古流武術というものは、どうも骨董的遺産、前世紀の遺物としてみられがちである。多少わかい方達の眼が向けられつつあるが、全体としての見方はたいして変わってはいないようだ。

だが、なぜそんなものにかつての侍たちは命をかけてまで修錬したのだろう。現代のスポーツ的な動きのほうが速いというのなら、往時にだって運動能力の優れた人間は数多くいたはずだ。なぜ、型しか学んだことのない人間から、現代的視点からは考えられないような名人達人伝説が生まれたのだ。われわれの祖先たちは、型の何をまなぼうとしたのだろう。型のどこに、型のなにに命をかけるに足るだけの価値があったのだろう。

そんな素朴な疑問を抱きつつ家伝の型を見つめなおし、稽古を続けてきた。その間の稽古日誌、稽古備忘録を整理し、まとめたものが本書である。

日本古来の剣術や柔術、居合術などといったものに理論などないと思われている方、あるいはすでに日本の武術に幻滅感すら抱いている方々に本書を繙いていただけたら、すこしはそんな誤解を解いていただけるものと確信する次第である。

人が人として正しく動けるように導いてくれるものが、型である。この型、真の型は、一般論的な型（形）とは大きく次元を異にするものである。

型は、技そのものであり、理論そのものである。その動きは、軽く、柔らかく、速く、静かで浮いている。しかも、美しく、動きは消える。これが古伝の日本武術の世界である。

本書が、日本古来の伝統武術というものを、われわれ自身の大いなる遺産として見なおす端緒ともなれば望外のよろこびである。

振武舘黒田道場　黒田鉄山

気剣体一致の「改」
CONTENTS

気剣体一致の「改」
CONTENTS

装訂／銀月堂

剣術編

剣術編

第一章
私の剣術

流祖／駒川改心流／素振りとは／素振りという技術／最大最小理論／私の剣術

流祖

流祖の駒川太郎左衛門国吉は甲州の人で、はじめ新陰流の開祖上泉伊勢守信綱に就き、修行をつんだ。のち号を改心ととなえ、自得した技のすべてを桜田次郎左衛門貞国へ伝え、以後これより駒川改心流と称するようになった。

駒川改心流剣術は、富山藩に伝えられた流儀である。祖父は子供のころ、この流儀を「新陰流」だと教えられた。長ずるにおよび、他の現代新陰流とくらべ、あまりに違っていることに不審を抱いた。曾祖父の正郡に問いただした。

勤皇の志士藤井右門直明は、当時江戸で「腕の右門」と評されるほどであったが、宝暦明和の陰謀事件に連座したかどで刑死となった（後、維新の先駆けとしての功労を認められ、明治二十四年に正四位を送られている）。この藤井右門が改心流の遣い手であったため、各藩とも幕府を慮り改心流の閉め出し、あるいは伝書等の焼却、流名の変更などをしたのである。祖父が新陰流といって教えられてきたものは、まさにこの改心流であった。祖父の兄の正義なども、ふだん外では、新陰流だと言って竹刀を交えていたそうだ。地元富山地区以外で流祖伝来の改心流を称えたのは、祖父が初めてである。

駒川改心流

剣術とはいえ、その内容は太刀（中太刀）にはじまり、実手、小太刀、薙刀、両刀などをふくめ、表から奥（奥儀）まで多種多様の型がある。

つまり、

表中太刀
表実手
小太刀（影小太刀）
表薙刀
両刀居合詰（二刀）
奥三ツ太刀
奥薙刀
奥実手、小搦
表三ツ道具（突棒、刺叉、袖搦）
奥三ツ道具

鎖鎌、八重鎖鎌

極意

である。

型など少ないほうがいいという論もある。だが、そうあるためにはその少ない型が生きた理論そのものでなければならない。縦、横、斜め等に太刀を振るということが、いかに難しい動きなのかを知ることのできないような次元のものでは、剣の神髄など夢の世界の話だ。だから型が多いほうがよいという場合も、当然それにはいくつかの条件が必要である。つまり、その型が形骸化されていないということ。その型が理論そのものとして認識しうる体系を保持しているということが大事だ。さきに型の内容を羅列したが、それらはそれぞれが個別の武器術として寄せ集められたのではない。段階的にあるべくしてあるのだ。ひとつひとつが上へ上へと上がっていき、難易度の差がそのまま技の階段になっている。人の体というものは、とても意のごとくになど動いてくれないものだ。立つことも歩くことも、腕の上下すらままならないのが人間だ。すこしずつ地道な稽古の積みかさねによってしか、術技的動作というものは身につけられない。おなじやるのなら、その階段が細かなほうがひとつひとつ確実に歩を進めることができる。

ではいったい、そんな腕の上下運動から教えてくれる剣術の型があるのだろうか。

あるではないか。素振りという、型が。

素振りとは

型としての素振りによって、まず術技的身体と一般の身体との壁を認識することから剣の修行は始まる

素振りとは

修行開始にあたっては、素振りから入るのが常套である。だが、腕の上下運動たったひとつですら、こんなにも人の身体というものは思いどおりに動いてくれないものか、動かないものかということを痛感させられる。正しく動こうとしたときに、一般の身体と術技的身体との壁をまず認識させられる第一歩である。

私は、小さい頃よく見本としての素振りをやらされた。壁ぎわや障子のそばで左右の素振りをしたものだ。そうやっておだてられて大きくなった。

十九か二十歳のころ、素振りの変化技で前後振りをやった。見ていた祖父は、ひとこと太刀が遅れると言った。で、太刀を速く振り下ろした。これでいいと思った。

たしかに太刀と身体は一致したと思えた。だが、その時それをも祖父に否定された。素振りなど今まで一度もむずかしいと思ったことすらなかった。そのひと言は胸に突き刺さった。

子供のころから尻が重いといわれ、実際かけ足は嫌いだったし、体の固さ、足の遅さは自覚していた。が、小さい頃からおだてに乗せられ、いつの間にか天狗になっていたようだ。そのたいして高くもない鼻をへし折られたものだから、私には何もなくなってしまった。言われるまでもなく当たり前のことなのだが、しかしそれにしても当時の私は、まさか素振りでとやかく文句を言われるなどとは夢想だにしなかった。

それ以後、今まで意識もしなかった左右の手の返しに明確な違和感が実感されるようになった。たしかに、左へ右へと太刀を返す、というより廻している、こねているという感が終始つきまとうようになったのである。そんなお粗末な操作で体を前後に変化させる素振りに太刀の変化が間に合うわけがない。

痛烈な印象をともなった祖父の言葉は、それ以来ずっと脳裏に刻みつけられたままだ。

「駄目なものをいくら速くしても、だめだ」

この言葉を聞いたとき、第一次の稽古の見直しが始まったといってもよい。といっても剣術ではなく、居合のひとり稽古だ。抜いても抜いても駄目なことに変わりはなかった。居合では後太刀といわれるこの廻剣素振りの太刀筋は、ふっても振ってもその本性を現してはくれなかった。抜いても「だめ」、振っても「だめ」。はなから終わりまで駄目のままだ。毎日がだめだ駄目だのくりかえしだった。

素振りというものは、いかに自分の体が意のごとく働かないかということを知るためのものだ。仮想敵、据え物などが対象ではない。自分自身が対象なのだ。動かぬ自分をいったんすべて斬り捨てるためのものなのだ。動かぬ自身を斬ることができなくて、生きて動いている人間を斬ることなど到底できるわけがない。

素振りという技術

　重量のある真剣を、相手より速く振りあつかうということが原則として直截生死に関わる以上、それが往時の侍たちにとってどれほど切実な問題であったかは想像に難くない。

　若者を相手に一見ゆっくりと動いているように見えていて実は速いという老名人の動きは、たんに長年の修錬による間や拍子、心の読みなどに長けているというだけに止まらない。名人が名人たるゆえんは、即物的な体力の世界ではなく純然たる技術の世界、異なった次元の身体運動の世界に到達しているからである。未熟な若者が遅いと見ている老名人の動きは、実は彼とは完全に異なった動き方をしている。物理的にゆっくりとした動きであっても、それは「速い動き方」でゆっくりと動いているだけなのだ。老名人が一見ゆっくりと動いて彼の攻撃に間に合うということ自体、それは彼自身の未熟な伎倆そのものの反映なのである。しかも、その動きではいくら速くしても老名人の速さに追いつくことはない。というより、質のことなる速さは較べようもないのだ。

　未だ武術的身体なるものを知らぬ若者には、自分と同次元の動き方しか眼にうつらない。腕の上下運動は誰がやっても同じ運動にしかならないと思っている。老名人の動きは非常に高度に術技化された非日常的身体運動が老年にいたり極度に日常化されているため、それに気づかぬ若者は老名人の動きを一般人と同次元のものと誤解をする。老名人の動きを自分の世界の動きと同次元の延長上にあるものと誤解をしている。だから、ただたんに彼がゆっくりな動きを真似しても老名人のようにはけっしてならず、自分と同次元の速い人には当然間に合わない。老名人の動きを理解できぬまま、似て非なることをして気づかず、見えないままに老名人を別格あつかいする。

若いころの、私自身の反省である。

ただ武門の家に生まれたというだけで稽古は仕込まれもせず、したりしなかったりのなまくら稽古で育った。ために型のなんたるかを知らずに多少の竹刀を振りまわすことのみを覚えただけであった。祖父の異次元の身体を目の当たりにして育ちながら、あまりにも不明であった。

いや、消える動きの身体など初めから感動をもって見ることなど、絶対と言っていいほどできはしない。見えぬもの、まるで何もない厖大なるものを求めて素振りから、一からのやり直しだった。

最大最小理論

剣をささえる見えぬもののあることを知ってからは、型がすべてを教えてくれた。型こそ、厖大なる遺産そのものであった。私が最大最小理論と名付けた運動理論もそんな中のひとつである。

太刀を操作するのは身体そのものであって、手首、腕の運動ではない。順、逆からして左の素振りから稽古をはじめる。

第一動作。

左手を右手にそえる時、太刀を左へ返す。見える動きを言葉にすればこれだけのことだ。これだけのことが、武術的動作となるとこれだけのこととしてはまったく伝わらないし、伝えられない。

円転して見える輪の太刀、廻剣素振りの本体は、太刀そのものをけっして回転させないということである。それを伝えるために、祖父泰治はこれを三段階の動きに分けて指導した。

その第一動作を、今日私は極意と認識している。ここだけで勝負が決まるといってよい。基本が大事と言われるのは、その理論が極意まで統一されているからだ。その極意たるゆえんは、その操作の巧緻性にある。

この時、右手首は斬り手のまま左まわりの下円を描いて、太刀の切っ先を左斜め下方に直線に落とす。

さらに、この右腕の運動を見ると、肘窩（肘の内側）が上を向く。これは、肘そのものの運動ではなく、上腕骨が外旋し、骨頭が脇にしまる形からおこるものである。つまり、手首から先の運動を身体でおこなっていることとなり、腕の上下運動の間、解剖学的に脇は終始しまったままの形を維持するのである。眼に見える脇は空いていても実はしまっているというのが、術技としての身体運動である。

それが一般的には太刀の廻旋操作をおこなう場合、右手首はおなじ左まわりだが、上円を描く。これは

素振りの第一動作

正しい術技的動作は基本であると同時に、
極意にも直結する

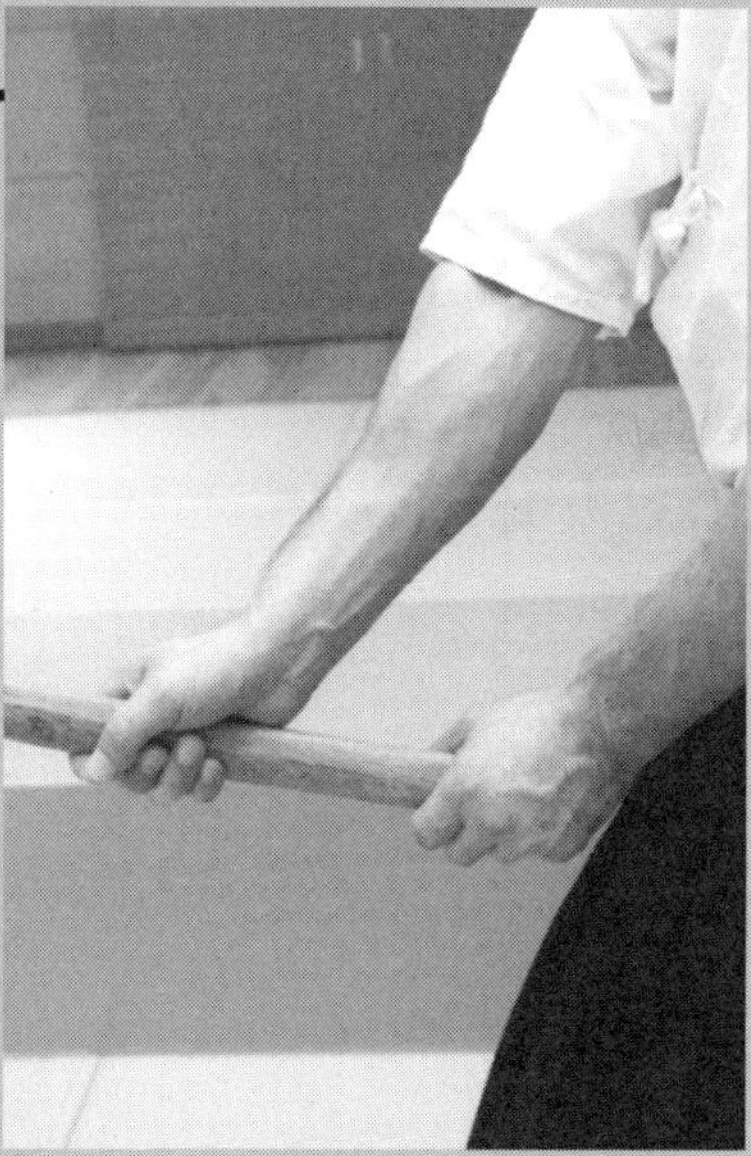

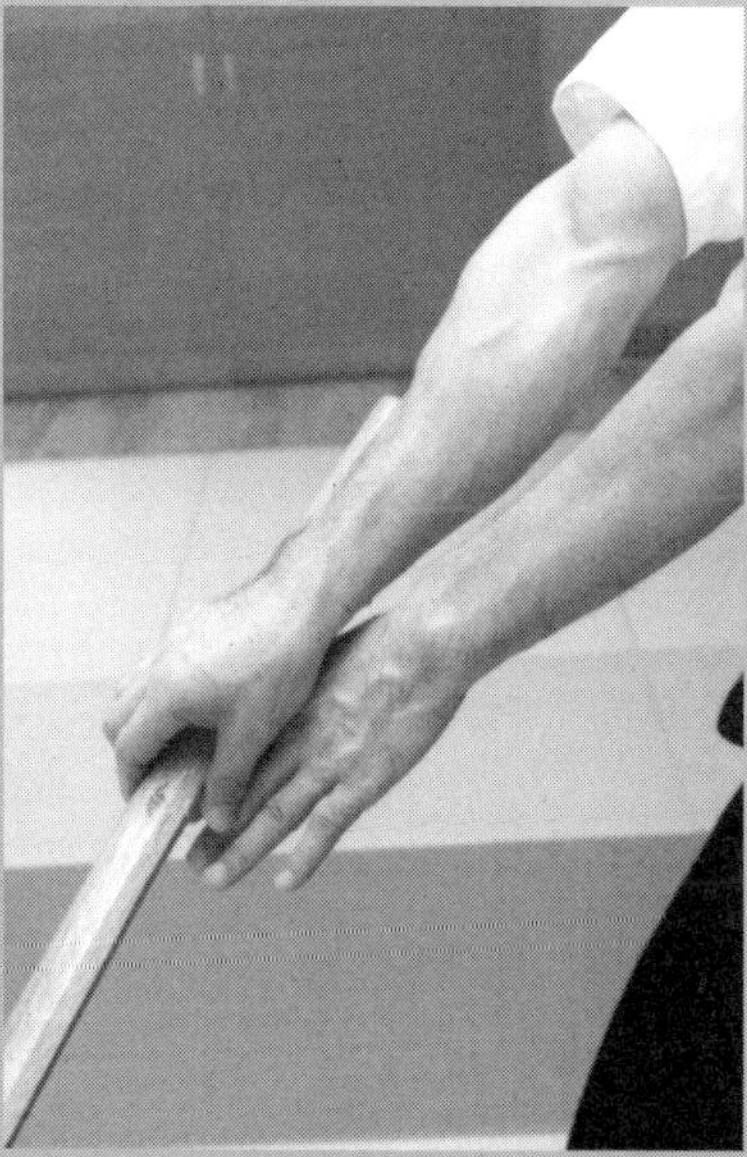

大人子供に関係なく誰にでもできる、あるいは誰でもが犯しやすいあやまった運動である。この入り方をする場合、そのあとの運動もいわゆるぐるぐる廻しになってしまう。これも誰にでもはじめからなんなくできる運動である。そこには手首を主体とする眼に見える姑息な回転運動があるだけで、術技と呼べるような身体運動は存在しない。これは、子供でも理解できるように、たんなる振りまわしによる回転運動だから、直線運動の太刀素振りよりも遅い。

よく脇をしめるというが、筋肉を緊張させることで脇そのものがしまったと誤解していることが多い。実際の脇のしめというものはどういう状態をいうのか、もう一度考えなおす必要がある。そんなことをも素振りは教えてくれる。それが正しい動き方を得ることにより、極意の変化に直結するのだ。一般人が犯しやすいからこそなかなか稽古がむずかしく、逆に熟達すればこそ、古人が魔の太刀と畏怖したような高い術技となるのである。そう、これは明確な技術であって、けっして名人達人のみがなしうる摩訶不思議な、神妙なる術ではない。

第二動作。

第一動作の陰の変化から、真っ直ぐ頭上に両腕を振り上げ、太刀そのものは平行移動をするのみである。回転運動はもちろん、まったく他の一切の運動はしない。太刀はその形態のまま静かに左腕にそいながら上昇するのみである。

両肘完全伸展で最大限の運動を規矩とすることにより、最小の動きが生まれる。ここに今まで我々のまったく知らなかった「最大にして最小、最短、最速、最強」という二律背反する条件を、ひとつの動きで証明する運動理論を見いだすことになる。

古人は太刀を最速、最短にして最強に打ち振るため、我が命を守るために最短の直線運動を追究した。そこに直線に支えられた円運動が生まれたのである。重量のある太刀を振るには、慣性運動の働く上下の往復運動をする太刀筋よりは非常に効率がよいことは明白であろう。また、回転モーメントの法則による太刀の運動抵抗は極小になる。あるいは基本的に直線運動であって、円運動ではないのだからこのような自然界に存在する排除しがたい抵抗というものはないに等しいと考えられる。

いずれにせよ、古伝の型、それも形骸化されていない型に対しては、現代人の我々はもっと謙虚に教えを請うべきではないだろうか。

私の剣術

小学校低学年のころか、あるいはもう少しちいさな時分、父に面を着けられて道場へ出た。大人が防具をつけて稽古をしていた。稽古をおえて、面を叩かれると頭が痛いと父に告げると、うちの稽古で痛いはずはないがなあと言いながら面をみてくれた。

「これじゃあ、いくらうちの稽古でも痛いわけだ……」と、わらった。

面の綿が抜けてほとんど生地だけになっていた。

上位の先輩、それも一番弟子、二番弟子と言われるような人たちになると「防具をつけて立っていると、じいさんが立っているみたいだ」と祖母が言っていた。

その竹刀の構えは、肘をのばし切っ先を天井に向けた新陰流の流れを組む流派に独特のものだ。しかも、竹刀稽古には片身はずしの正眼といわれるものをもっぱらとする。正中線を取り合うことが必須の要件となっているにもかかわらず、それをふまえた上で、太刀をひらき、相手をさそう形をとる（一般的には太刀先をひらくのは悪いこととされ、矯正されるものだ）。正しい正眼の構えを知る者のみが、この構えに変化をすることができる。斬らせて斬る、という剣の術理の典型である。

初心者は、下の位の稽古というものをこころがける。この構えでさらに腰を低くおとし、足音をたてずに敏速にその場での前後左右への変化移動をしながら連打をはなつ。毎秒十本前後という単位での打ちを打ってうって打ちまくり、疲れたら飛びさがって縁を切り、礼式をして竹刀を納める。それを繰り返して、元立ちの方に順次あたるのである。けっして、現代剣道のようにひと太刀ごとに走り抜けるようなことはしない（もともとこの走り抜けたり走りまわるという所作は、明治六年に榊原鍵吉のおこなった撃剣興行において、素人の観戦者にわかりやすくするためにとられた方策の悪弊のなごりである）。

父は私に、相手に打つ暇をあたえないくらい打ち込んで、打つだけうって疲れたらやめるのだと教えた。

相手が五本打つ間に十本、二十本打てと。

だが、一、二を争う上位の先輩には打てども打てどもあたらない。みな受け流されてしまう。そして、めったに打ち返してこない。こちらが疲れるまで待っていてくれる。左右面、上下の小手面の連打をいくら繰り返してもどこにも触れることもできない。まるでこちらの打つ順番を知っているかのようだ。それに竹刀には鍔もついていないのに、小手に触れずに竹刀は流れる。どう打っても躱される。いや、子供の太刀筋ゆえ無茶苦茶な刃筋のほうが多いくらいだ。それを祖父などは素面素小手で、にこにこと孫と遊んでいるような調子である。実際そうだった。「そんなこっちゃ、当たらん。そんなこっちゃ、当たらん」という祖父の声が耳に残っている。しかも、そのときは小太刀の袋竹刀であった。

わたくしの一番弟子のM下氏が中学生のころ、祖父がひょいと道場へでてきて素面素小手でやったそうな。当時、おとなで剣道二段という方が、私が元に立っているときは休んでいて、彼ばかりをつかまえて、口ではちょうどいいなどと言いながら、打ち込まれては息をきらしていた。中学生ともなればすでに運剣は速い。高速連打だ。

そんな彼だから、はじめは「こんなはげ頭のじっちゃんを打ったりしてあたったらまずいんではないか」と遠慮していたそうだが、稽古をはじめて驚いた。しだいに夢中になって打ち込んだが、一本もあたるどころかかすりもしない。

曾祖父について祖父のような修行をしたとしても、運動能力も低い私などにはできるようになるわけがないと、そんな稽古ははじめから諦めていた。防具を着けていないつもりで彼よりもっと小さい子供を相手にしても、どこを打ってくるかわからない、ちょこまかと素早い竹刀をすべて受け流すことなど到底できるはずもなかった。

しかし、祖父のそんな伎倆は、たしかに豊富な竹刀稽古に支えられてもいたのだろうが、その大半は型によって得られたものだった。

型の重要性が身に沁みた今となっては、防具を着けてやたら打ち合っている暇などない。そんな時間があるなら、型に時間をもっともっとついやしたい。いや、私には型を稽古する以外に道はない。型を残したいのだ。

古人の跡をもとむるにあらず、古人の求むるところをもとむるのみと御大師様も言い残しているとおり、曾祖父や祖父があんなことこんなことができたということを真似する必要性など私はまったく認めていない。それは、いま私に伝えられたこの型の修行によって、個人の到達地点として、あるいは愉しみとしてできるようになったことだ。

そういう意味では、古人の名人達人伝説などはなんの修行のたしにもならない。それよりその流儀の型や術理などについて何かを言い残してくれたもののほうがよほど勉強になる。まず、理論をきちんと学ぶことのほうが大事なのではないか。その修行の過程で腕が未熟なうちは、術理の一片も持たぬたんなる暴力に屈することも当然ありうることだ。

われ武術家たることを人前で言うべからず、永く世相に順ずべし、悪意を含む手合いを固く禁ずべし、など各流派に道場訓と称するものが伝えられている。いずれも暗い夜道を避け、遠まわりをしても明るい道を選べと、それも女性子供ではなく武術修行者に諭しているのだ。合わせて、生兵法はおおけがの元とも諭してくれている。無事に武術の修行を完遂することの難しさをうたっている。

剣術編

第二章

剣術における無足の法

半身／半身という難しさ／完璧なる半身を求めて／入身／半身、沈身そして浮身／体捌き／身体の捻じれ／素振り三年／甘い稽古／遅速不二

半身

物心ついた時は、おとなと稽古をしていたが、強制されぬままにいつしかさぼりながらのなまくら稽古となった。そして、家伝の稽古と一般剣道との明確な差異を解しないまま中学のときも、そんな調子で剣道部に所属していた。高校で、はじめて正しい構えなるものを指導、強制されたとき、体を真正面に向けること、切っ先を下げることに非常な違和感と抵抗感をおぼえたことがある。あとで聞いたことだが、反対に先輩たちは、両肘がつっぱり半身で膝の曲がった私の恰好がおかしなものと眼に映ったようだ。やがて大学に進学し、ふたたび家伝の稽古にもどったとき、また半身に直すのにしばらくのあいだ苦労をした。

型にもどれば、構えから半身を強制される。とくに基本あるいは表の型においてはそれが重要視されている。だが、徹底的な半身、正しい半身となるとまったく恰好にならない。昔から侍たちが正しいとして伝えてきた構えだ。そんな簡単にとれるわけがない。なぜ半身を正しい構えとし、そのことに命を懸けたのか。それは、なぜなのか。

物事には基本があり、その基本が大事とされる。それは、剣においては基本の理論が極意の理論にほかならないからである。その意味で、基本だから大きく動くのではない。極意に直結した理論そのものがそうなっているから大きく動くのだ。しかもはじめから術技的に大きくなどとても動けないからこそ、その方法を、理論を、学ぶのである。

前章で述べたように、身体を最大限に駆使することにより、その空間と身体あるいは身体と武器との相対関係において、最小の動きが生まれる。これが武術におけるもっとも重要な身体理論である。最大に動いているから、最大の力が生まれ、しかも最小の動きになっているから最短で最速の動きとなる。

このような稀に見る運動理論を、われわれの祖先たちは剣の基礎理論とし、そこから魔の太刀と恐れられるほどの具体的な身体運用法を導きだした。魔の太刀に直結する動き方だからこそ、それに付随する細やかな、そして精妙な体、手、足の操作が必要になるのである。それが素振りであり、廻剣の操法である。

それゆえ型では、最小、最短、最速そして最強に動くために最大限に半身から半身へと体を変化させることを学ばなければならない。

半身という難しさ

ならない、と言われても一八〇度の変化は容易なことではない。やってもやっても体がそこまで働かない。一八〇度の回転なら、だれにでも初めから可能だ。体が一八〇度を回転してはだめなのだ。いや、絶対にしてはいけない。

とはいえ、たしかに身体は半身から半身へと半回転する。その回転の仕方が問題なのだ。そこで、浮身、無足の法という術理が必要になるのである。浮身、無足の法にかなった回転ならばよいと言える。それによりまわっているようには見えなくなる。そのためには、正中線軸をしっかりと捉えたまま、それを崩さぬように動かなければならない。正中線とは、たんなる体軸の中心線ではない。

しかし、この正中線自体が稽古のつみ重ねによってしか生まれないのだから、ないものをあるがごとく意識して身体を制御していくことになる。それは本当に地道な努力だ。そのため身体の運用技法が身につかぬうちに、いたずらに即物的な速さに頼った動き方をしてみても、術技だった動きを獲得することなど到底できない。身体の動かぬ部分、固定された部分がそこにあるから、どれほど速く動いてみても、いそがしい動きとして眼にとらえることができる。

だが、全身体がひとつになって、すべてが動いたときには、動いたという結果が認識されるのみで、その動き方自体は見えない。ゆっくりと動いてもその過程を理解しにくいほど複雑微妙なのが武術的身体のもつ動きなのだ。

たとえば、親指だけをいくら速く掌の中心に向かっておりまげても、その動きはありありと見てとれる。が、手をひと調子に上下に動かしながらやると、親指自体は前よりもゆっくりでもその動きはまったく見えない。動いている途中の動きが消え、初めと終わりの静止した形しか眼にとまらなくなる。これはごく原初的な消える動きの原理だ。しかし、これが人の体となるとなかなかそうはならない。空中に飛び上がりながら手足をどのように振り動かしてみても、その手足の運動が消えてみえることはない。統一された

半身の構え

右上・初心者
右下・中級者
下・筆者

全一体的なひと調子の動きとなるからこそ、消えるのだ。その統一された一調子の動きこそ、型において得られる唯一無二の運動理論なのである。

完璧なる半身を求めて

たとえ背中を壁につけたとしても、完璧な半身の構えなど容易にとれるものではない。人間ゆえ完璧などあり得ない、という意味ではない。いや、そうだからこそ一生をとおして剣の完璧性を求め続けるべきなのだ。いまだ正中線軸の生まれない身体は、壁を補助として背中を壁にはりつけてもなお半身の構えにはならない。相手のいる正面へは体がなかなか向いてはくれないものだ。半身できちんと前方を向くからこその半身の構えなのである。まるで鋳型にはめ込むようにしてすら、生来の人の身体はままならないものである。

斜に構えるというが、安易な、中途半端な構えは初心者にはかえってその構えができていないということを分かりにくくする。これは正対する場合でも同様である。より自然な状態に立つということは、形而上的な問題である。初心者には、自然体に立っているつもりで自然体とはほど遠いところにいること、すなわち正面を向いていて、それができていないという逆説が理解できない。まず初心のうちは、楷書にあたる初伝、基本といわれる稽古を努めて丁寧に行なうべきである。正しい半身の構えというものは、本当に容易ならざるものと心得べきものだ。どれひとつとっても構えにならぬ身体を少しずつ働くようにすることが型修行の眼目のひとつだ。それは形而下的な問題として対処しやすい。そしてついには、正対して正対しておらず、だが完全に正対する身体、あるいはそこに居ていない身体を創造するのである。

そこまでに半身あるいは型の完璧性を追究するのは、剣術というものが柔術とともに心体（心の錬磨）と剣体（技の錬磨）とを一致させることを目標としているからである。その結果として実戦に堪えうるだけの武術的身体、理論化された動きをもつ身体を確実に身につけることを期待しているのだ。

普段の稽古で完璧なる半身を要求されるからこそ、三位一体の武術的身体が創造されるのである。壁に背をつけてもあまい構えであったものが、やや肩を引いただけで完璧なる半身の状態をつくるようになる。左半身から右半身へと一八〇度の変化をしてもまだ足りないのは表面的な形骸化された運動だからだ。内実のともなわない身体運動は無駄な動きでしかない。実戦以前の稽古の場でこそ完璧な一八〇度の変化が要求されるのに、それが叶わないうちは滅多なことで手合わせなど行えるものではない。

普段の稽古によって位が上がるにしたがい、おなじ一八〇度の変化でありながら、実際の変化の量はどんどんと少なくなる。だが、その反対に身体意識としては少ない動きで充分、あるいは完全に変化をしおわったと実感するものである。そのような心身の働きを得なければ、とても白刃のもとには立てない。

入身

半身に構えたとき、肩、膝、拇趾が垂直に一直線にそろうように体を前傾させる。これが入身の構えである。これもなかなか難しい構えだ。肩を前に出すと、はじめは腰が後ろへひけやすい。たんなる前こごみにしかならない場合が多い。腰が入っていかない。それがわかっていながら、どうしてもできない。

かつて私自身恰好にならなくて、鏡を見るたびに落胆した。祖父の写真を見て、真似のできない形を持つ身体というものがあることを痛切に思い知らされたものだ。体形、骨格、筋肉などの類似性ではなく、その身体の有する厖大なる剣の伎倆そのものの差である。その蓄積された伎倆にささえられた身体が構えて、はじめて古人が伝えようとした正しい構えとなるのである。体が働いてこないうちは、様にはならない。構えを正しく知ることに全力を尽くすということが、特に初心においては重要だ。それが武術の修行の大半をしめるということを肝に銘じておかなければならない。

半身、沈身そして浮身

半身の構えは、それ自体柔術でいうところの無足の法の修得を必然的に可能にする。それはなによりも

左半身からの無足の法

左半身から無足の法を用いて身体を回転することなしに一八〇度の変化を行う

身体の中心、守るべき正中線がまっさきに変化をしたいという要求からなる。

間合いをつめる際、左半身の入身の構えから、左の肩先を引かれるようにして、重心の移動を行なう。すなわち、重心、体の移動が優先されることにより、手足の動きが控えられる。これは動きの気配をさとられにくくするとともに正中線を動揺させないで変化することを可能にする。

表の稽古というものは、極意まで繋がる同一理論でありながら、まず安全確実な稽古を学ぶものだ。いきなり、無構えの自然立ちでするすると間を詰めるなどというのは、名人のなせる技である。自然に立つこと、歩くこと、おまけに手の上げ下げすらもままならぬ人間には絶望的な動作とみなければなるまい。そんな一見、日常的で簡単とも思える超絶技巧を、それと認識することができるのも段階を明示した型という世界があるからだ。

左半身に構え、肩先を引かれて前に倒れるように重心を変化させ、それにともない後ろの右足を前に移動させれば、それはもう無足の法そのものである。

だが、言うは易く行なうは難しである。そのように意識して動いたつもりでも、けっしてそうはならないのが人間だ。手の上げ下げすらできない人間が、武術的に非常に高度な歩き方を、即座にできるわけがない。たかが歩きと思ってはいけない。その歩法こそが武術をささえる足、身体を構築しているのだ。

床や地面を蹴らずに体を移動させる技術が無足の法である。蹴らないのだ、と明確に断定してしまったほうがよい。脚力のない足が素早い変化を可能にするのもその筋力を否定するところから始まる。床を蹴らずに歩くということを四六時中意識に意識をかさねて、初めてその困難さが理解できるものだ。今までの自分の歩き方、移動の仕方はまったくその反対のことをしてきたということに気がついて、初めて蹴らずに倒れる力を利用するという身体の運動法の非日常性が理解できるのである。

半身で入身となれば、自然に腰は落ちる。腰を落とせば一般的には居つく。それを居つくどころか、そこから神速を得ようというのだ。ここに、腰を落とせば速くなるという武術特有の逆説がある。それは、無足の法という理論によってのみ支えられる真理なのだ。

腰を落とした状態で脚力に頼って素早い動きをしようとすれば無理がたたる。一般的な身体運動の方向としては、楽に立った状態のほうが動くには軽便だ。だが、それでは形がなくなり心の錬磨がおろそかになるではないか。正しい形を知ること、学ぶことによって初めて心の錬磨も叶えられる。往時の武士たちは、もっぱら型稽古のみを錬ったものだ。竹刀での叩き合いなど江戸時代も中期になってから、しかも盛んになったのは幕末ちかくになってからだ。現在は刀をとっていつ何どきでも戦場へ赴かなければならないという時代ではない。下手に型や生ごなしの理論で縛りつけるより各人の運動能力を充分に発揮できるように自由に太刀を振らせ、足を使わせるほうが即座に戦場の役に立つという言はまったく意味をなさない。そんな今日だからこそ、剣を通して人を学ぶ心の錬磨が重要なのではないか。しかも、それこそが剣の神髄を知る捷徑なのである。

体捌き

体を捌くということには、体の移動と体そのものの変化とがある。移動には足を使わなければならない。その足に関する具体的な術理術法は無足の法として何度も述べてきたところである。すなわち、いま足を使わなければならないと一般論を述べたが、その足を使ってはいけないのだと否定することにより、神速とよべる次元の移動の方法が生まれたのである。さらにそこから無足の身体なるものへと昇華しなければならないことも柔術編で述べた。柔における斬りの体捌きが剣そのものを対象としている以上、剣において求めようとする斬りの体捌きは柔術において学んだ身体運動そのものでもある。

すでに述べたように、半身から半身への変化の完璧性、すなわち全身体における直線の変化を型のひとつひとつにおいて求めることが体を捌くという意味である。そのためには我流で動くことの無意味さを早く知ることが大事である。基礎理論を知らずに、天性の運動神経にまかせた我流の創意工夫をすることなど大きな眼で見れば、まったく無駄な時間の浪費でしかない。

身体の捻じれ

なにも半身から半身への変化でなくとも、日常動作で後ろをふり向いたり、曲がり角を曲がったりする動作においてすら普通人のそれは捻じれが主体になっている。だが、剣の修行においては、生来もっとも馴染んできたその動きが否定されるのである。

人より速く、大きく、強く、そして見えぬほど小さく鋭く動くために最大にして最小の動きを得る理論が剣術、柔術を問わず共通の基礎理論であった。刃筋を通すということは、その理論にしたがって、いっさいの捻じれ、曲がり、凹凸を切り捨てるということである。

この捻じれという身体動作に関しても、人の眼というものには差があって、初めから見比べることのできる人となかなか見えない人とがある。やはり、型というものを基準にして、その動きの上中下（上手下手）をよく見くらべていくしかない。上位の型には、この捻じれ、凹凸、まがりがないから一般の動きとは異なった見え方をする。そこから、わずか三動作にもかかわらず、見た直後に稽古しようとしてもその動きの過程が脳裏に浮かばないなどということがしばしばおこるのである。しかも正確に見てとろう、真似しようとすればするほどそれは顕著におこる。

剣で、いや武術で要求される動きは、日常の動作とは大きくかけ離れたものである。その差が術そのものといえる。だから、捻じらなければ、捻じりが出さえしなければ、それはもう術技だった動きと評価してよい。言葉では簡単なことだが、そんな簡単なことが実際には人間の身体にはなかなか馴染まない。

素振り三年

かつては入門を許されると素振りだけに三年間をかけさせられた。そこで型稽古に進めるかどうかが見極められたのだ。その時点で師から許しが出ず、見込みがないとわかれば道場を去らねばならなかった。それでも振武舘で修行を希望する者は、ほかで修行をした上で再度入門を乞う形をとるしか手だてはなかったのである。

中国などでは現在でも武術を指導するさいは、基本だけ、例えば立つだけで三年も四年もかけるそうだ。師が良しとしなければ、それが七年も十年にもなる。何年も居させてくれるだけでもありがたいことだ。基本だけ、あるいは僅かな基本の動作だけにそれだけの時間をかけるのだ。いや、かけさせてもらえるのだ。本当のこと、本当のものを伝えようとすれば、そうならざるを得ない。駄目な動きのまま、何をどう動いてみても技など生まれない。形骸化である。そんな型を何十本、何百本知っていても武術的にはまったく無意味なことは明白だ。何十流派の極意、秘伝の型を知っていようともそれは同じである。動かぬ身体、使えない身体では何もないも同然だ。

身体の捻れ

型を基準とした時の身体の捻れ。
右上・初心者
右下・中級者
下・上級者

最近は、公の場を借りて一日稽古を兼ねての講習会、研修会を年に何回か行なうようになった。元々、我々自身の一日稽古が目的であった。旧の道場のように何時間でも自由に稽古をするということが出来なくなったためである。自宅の新道場は、あまりにも狭く、個人的あるいはごく少人数の特別稽古用といってよい。

この講習会を通じて入門して来た方々は、たった一日の稽古で素振り、太刀の型、柔術の型、居合の型まで合わせて十本、あるいはその時々でそれ以上をやってしまっている。何回かの講習会に参加したのちに入門をした方は、うろ覚えながら表の太刀六本までやってしまっているということもある。初めから入門した方たちは、丁寧にじっくりと勉強しているので、そんな型の手渡し方はしていない。ある程度、身体の動き方に変化が現れるにしたがって型を手渡していく。そんな方たちと較べると、まだ出来ないのに型だけは彼らより本数がいっているという状況が表れた。

当初は、武術的啓蒙ということを意識していたので、とにかくその高度な理論とそれに伴う難しさだけでも理解してもらえたらと数本ずつの型を講習の内容としてやってきた。だが、そんな参加者の方たちがあらたに入門ということになってみて、反省を強いられた。

さらに、ほんとうに難しいということが理解できるまでには、それなりの時間がかかるということだ。口では難しいという言葉がでても、それはわずか半日、一日の稽古量で理解し得た難しさだ。ほとんど何もわかっていないというのが真相だろう。だがこちらにはそれほど難しいものが日本の古伝の武術なのだということを理解してもらいたいという心理的板挟みがある。正直いって、難しいものをやさしく解きほぐして安易に理解してもらおうなどとは一度も思ったことはない。難しいものを現代の言葉でわかりやすくするのは、そのことによってその難しさをもっと明確に理解してもらうためでしかない。ほら、手の上げ下げすらできないでしょ、まして床を蹴らずに歩むということなど不可能なほど難しいではありませんか、武術の世界においては何もできない自分というものが自覚できませんか、ということを訴えたかったのだ。

だが、そんな難しさを噛みしめたであろう新入門者の方たちには、また更めて素振りで三年を待ってもらう必要などない。すでに手渡した型とともにはじめの一歩から少しずつ積み重ねていってもらえばよい。渡したものをいまさら返せとは言わない。教えなくとも拙著『剣術精義』（壮神社刊）で奥三ッ太刀まではすでに著してしまった。ぎゃくに先走った勉強をしようと思えばいくらでもできる。しかし、結局はその我流を捨てる苦しさに呻吟するはめになる。はじめに立ち返ることも容易でなくなる。そんな中で師伝、直伝の大切さ、いっしょに稽古することの重要さを理解してもらえればありがたい。

また、本ではなく動きそのものが映っている映像にしても、それはあくまでも実地の稽古をおぎなう参考資料にしかならない。消えて見えない動き方を我流で学ぶことの無意味さを自覚できるのも実地の稽古のお陰であろう。

甘い稽古

今日では、いちおう素振りのなんたるかが理解できると型の一本目にはいる。素振りの絶対量をふやす努力は各人に任せてある。だが、どうしても稽古に参加した時しか稽古の時間が取れないという方たちもいる。やればやっただけの積み重ねとなる稽古なのだからそれでもかまわない。だが、朝夕わずかな回数でいいのだ。しかしそれがなかなかできないのも人間だ。

刃筋を通すというが、剣道の素振りと異なり、太刀を左右に廻旋させるためどうしてもふり下ろしの際、刃筋が乱れやすい。たしかに真っ直ぐに太刀を振れないうちに型稽古にはいってみたところで何もならない。だがそれを弁えた上で、無理やり型にはいろうというのだ。

私自身まいにちなどとても稽古ができないでいる。模範を示せない人間に自分のできないこと、やっていないことはとても要求できない。素振りを毎日やるかやらないかは個人の問題として、お任せしよう。入門したからには、などと気負いすぎると長くは続かないことになる。

私は弱い質なので苦しいのはいやだ。稽古は楽しくやりたい。とくにこの歳になると同年代あるいはその上の年代の方たちが、理論を勉強したいといって入門される気持ちもよくわかる。理論を勉強したいという言葉の裏にはけっして苦しい稽古も厭いませんという気持ちは含まれてないはずだ。というのも、だいたい決まって、もうこの歳ですからとか、歳が歳ですからとか種々の枕詞がさきほどの言葉の前についてくるからだ。

それはそうだ。最近は〝スポーツをすると寿命が縮まる〟などという学説が出てきたくらいだ。激しく息を切らせての運動は身体に悪影響をおよぼす。四十代にもなると健康のことが気になりだす。いい汗をかくというが、我々にとってはそのかき方が気になる問題なのだ。いまさら苦しい思いをして、寿命を縮めるような馬鹿な真似はしたくない。甘い稽古と言わば言え。人は人、自分は自分と割り切ってしまえるのが個人主義のいいところだ。非常に高度で限りなく難しく、果てしない武の世界を追究しようとするのだ。にがく苦しくつらいよりは、楽しくおもしろくその長い道を歩めるほうが、精神が萎縮しない分だけどれほどいいかしれない。

もともと型というものは一人で稽古をするものだ。個々人の動きの速さ、各人の中庸の速さというものは千差万別である。自分には中庸の速さであっても人には遅すぎたり、速すぎたりするものだ。運動ではない。号令をかけて全員が一律に体を動かすなど型ではまったく考えられないことだ。ひとの速さでは自分にもっとも大事な部分が稽古できないではないか。その大事な部分というのは、これまた千差万別だ。道場において現れる稽古の緩急遅速はそれこそ無限に存在することになる。

遅速不二

しかし、この緩急遅速というものは、稽古そのものにおいては結局その差異はないことになる。速い動き方、速い間を求めての稽古である。ゆっくりと動いていてそれはけっして遅い動き方などではなく、超高速の動きなのだ。高齢者の丁寧な、そして正確な稽古は、若者の実際の速い動きを凌駕する速い間で動いていると評価できる。

前に、老名人の例を出したが、努めて正しい稽古であれば静かでゆっくりな稽古だけでも若者を凌ぐことのできる実質的速さを獲得することが可能なのである。体力や素質まかせの粗雑な稽古から得られるものは、その延長線上のものでしかないことを知るべきである。

ゆっくりと稽古をする必然性はすでに何度も述べてきたように、ひとの体というものは腕の上げ下げもままならないほど意に沿わないということにある。駄目な稽古をどれほど速くしても駄目なものに変わりはないと祖父が私を叱咤したように、動きはじめにその結果が出てしまうものだ。運動ならば、やってみること努力することに意義があるのだろうが、剣の世界においてそんな楽観的な考えではたいへん困る。

静かでただしい稽古というものは、すなわち上の位の稽古そのものである。

剣術編

第三章

涎賺

斬猫／涎賺／その極意性（一）／その極意性（二）／その極意性（三）／心体／先／受の魔の太刀／引き斬り

斬猫

往時は腕をためすのに、各流各派いろいろの工夫をしたようだが、そのなかに「猫が斬れれば免許」というのがある。

富山の振武舘時代のこと。免許を目指している道場住み込みの目録連中が自分たちの腕を試してみようと、ある時大きな野良猫を道場へ追いこみ、手に手に竹刀をとった。しかし、必死に逃げまわる猫に彼らの竹刀はいっこうに当たらない。そうこうするうち正郡《まさくに》が外出から戻ってきた。

様子を知った正郡は刀を手にすると、するすると件の猫に近づいた。剣を立てた改心流の正眼に構え、さらに静かに間を詰める。逃げ場を失った猫は眼を怒らせ、歯を剥き、総毛を逆立てる。と、正郡は腰を落とした。その一瞬を待っていたかのように、猫は頭上を飛び越えた。その瞬間、猫は道場の床へぱたりと落ちたまま息絶えた。正郡の剣先が飛び越える猫の喉から腹を引き斬りにしていたのである。

剣は打ち、突くことのみではない。

涎賺《よだれすかし》

流祖の駒川太郎左衛門国吉が修行中に狼の群れに襲われたときに編み出した一手が、この涎賺である。飢えた群狼に向かい太刀を振りまわしていたのでは須臾にしてその餌食となってしまう。そう瞬時にさとった国吉は、今までの剣という概念を捨てた。六尺を越すといわれる男が新陰流の定法どおり腰を低く構えた。次々と矢継ぎ早に襲いかかる狼に転瞬の間に体を換え、さらに腰を低く伸べ、すべて喉を引き斬りに掻き切ったのである。

正郡が使った技が、まさにこの涎賺の一手であった。極意の一手でありながら、後に号を改心とあらためた流祖の心を学ぶため、当流の一本目におかれている。もっとも大事なことを最初に教えられながら、目録たちは剣を振りまわしていた。剣を捨てるという大事がまったく身に沁みていなかったのだ。なまじ剣の妙手、好手を腕に馴染ませたために、その技巧に頼ってしまった。これでは免許などほど遠い世界だ。剣によって物を斬る、突くなどということに執着をするのは、その執着を断ちきるための方便なのだ。その方便として、いかにもわかりやすく一本目に形としてその剣の操法を示してくれている。にもかかわらず理解の度が浅ければ、修行の度が浅ければ、形骸化とともにさらに剣を捨てるという大事をも捨てきる大事ができないことになる。

その極意性（一）

この涎賺という名称は、幼児がいままさに流れ落ちようとする涎を、無心に拭いさる様からつけられたものだ。そのような無心の働きを型で示しているとはいえ、その型をただ漫然と行なっていてもとてもそんな位には到達できない。

さて、その前にもうひとつこの型には重要な部分がある。

そもそもこの型の前半部分は、国吉の師である上泉伊勢守の新陰流の伝そのままである。取は半身沈身に腰を落とし斜に構える。これを当流では水月の構えといい、相手から太刀が見えないように、右片手で太刀を保持する。受は新陰流では切っ先を取の額の高さに構えるが、当流ではこれを半身左上段の構えとした。

ここから間を詰め攻防を展開するわけだが、ここに太刀を振りまわさずに廻旋させる技法、すなわち輪の太刀から魔の太刀と恐れられた術技が潜んでいる。涎賺の引き斬りの極意手法にもちこむまでに、第一の極意的手法を充分に錬らなければならないのである。

だが、ならないと言われてもどうにもならないものだ。型の手順を教えられ、そのとおりに動いてみても、じつはそのとおりに動いたと錯覚しているだけで、少しも動けてはいないため、何も生まれてはこない。

剣術は、柔術と同様に心体と剣体とを一致させることを学ぶものだ。そうは言うが、心の錬磨などと簡単に言ってもらっては困る、と私もかつては苦々しい思いをしたものだ。足腰の筋肉が痛くなるほど型をやってみても、ただそれだけのことだ。そんなことで実戦の場で太刀を振るえるなどと思うほうがおかしい。それは鍛錬がまだまだ足らないからだと言われれば、たしかに肉体を酷使する伝統的稽古法というものがある以上、それも一理ある。しかし、それだけでは魔の太刀とよばれるほどの何か得体の知れぬ恐ろしい太刀筋、体捌きが生まれるのだろうかという疑念を晴らすことはできない。

そこに、型は理論なのだ、実戦の雛型などではけっしてないのだと理解できて、はじめて魔の太刀が理解できる。最大最小理論を学ぶために型はある。それが型のすべてなのだ。ごく一般的な常識では二律背反すると思える条件下において、それがひとつの運動で証明される。それが廻剣理論にもとづく素振りであった。

その極意性（一）

素振りの手捌きに関する微細な変化は、たしかにそれじたい重要な術技ではあるが、それを支える身体そのものの変化にこそ、よりその重要性がある。それは体捌き、体の変化といっていい。体が現実的に動

く、動かないではなく本質的なところで変化を起こしてはじめて手足がはたらくのだ。だが、型における身体の変化そのものと区別するため便宜上、手の変化、足の変化という言葉をつかうことにする。

型にはいると実際の体の変化が加わってくる。手首の変化の極意性についてはすでに述べたのでその項を参照してほしい。

輪の太刀に直線に受け流しにはいることが攻防の第一動作である。これがすべてである。左足をひと足ふみこみ、今までの右半身から左半身へとかわる。この受け流しに、古人は命をかけたのだ。はじめは受の太刀が、受け流している取の左肩の上の太刀に当たって流れる。ゆっくりきちんとした体の変化をまなぶ段階ではそれでよい。稽古が上がるにしたがい、あたらなくなる。

次いで、取は右ひと足を踏みこみ右半身となって、斬撃を流され態勢のくずれた受の真っ向をすぐさま打ちこむ。

またまた、すぐさまと言われてもはじめはどうにもならない。半身から半身である。しかも腰構えは一文字腰といわれる菱形に変化させなければならない。足は撞木でもよい。最大にということで左半身から右半身へ大きく変わらなければならないため、ふつうでは時間がかかる。この攻防において、相手はひと動作のひと足。取はふた動作のふた足である。取のほうが差し引きひと動作ぶんよけいに動くことになる。受は取の残りのひと動作の間、真っ向を斬られるまで頭を出して待っていてはくれない。

だが、初心のうちは待っていてくれるところを打ちこむ。すると受は、それこそ待ちくたびれたかのように取の太刀を受ける。そんな馬鹿なことをやっていて何になるのか。何にもなりはしない。だから、これをただ運動能力にまかせて殺陣のように素早く動いたとしても、それは華法剣法以外の何物でもない。いずれにしても、よほど相手が超のつく遅さでなければ二動作で一動作を追い越すことなどできない。

それが、なぜ覆されるのかを見てみる。

取の受け流しの態勢は左半身。そして打ちこみは右半身。しかも沈身の入身である。太刀の変化はどうだ。左肩にあったものが右肩右腕をとおる右半身の一直線上にある。つまり、左から右へ両肩を通る前額面上を直線にわたるだけである。

ということは、右腕はその構えから頭上でわずかな距離を動くだけ。左手は柄頭へ移動しながらこれもわずかしか動いていない。さらに打ちこんだ態勢を普通の直立した形にもどしてみるとよく分かるが、その同じ姿勢から面を打ったのとは比較にならないほど高い位置で、すでに相手の頭に太刀が届いていることになる。一般的な態勢から打つ時に要する距離を、大幅に短縮しているではないか。直線に最短距離を動いているだけで、けっして相手の頭上を目がけて円を描いて太刀は振り下ろされていないのである。

目的地に短絡的に向かわない、ということが消える技を構成している。ここが動きが消えて見える重要な部分である。けっして太刀は相手には向かわない。向かえば遅くなり、しかも刃筋も狂う。これではいくら速く動いても、その動きはけっして消えはしない。

相手を打たずに打つのだ。と、昔ならいきなりそんな禅の教えのような指示が出されるところだろう。

実際、この運動ならたしかに太刀は自身の体を基準にすれば相手に向かっていない。足をつけなければわかるが、まったく逆方向に向かうことになる。いかにそれが最速、最短の動きとはいえ、現に相手とは逆の方向へ太刀を打ちこむという感覚が身体そのものにはなかなか馴染みにくい。しかし、そのためにこそ両腕は最小の動きとなり刃筋も狂わないのだ。

太刀をまわせば刃筋は狂いやすい。いや、その前に半身自体が狂う元だ。しかも大きく狂う。時間もかかる。とても実戦向きではない。と、一般論が勝ち誇る。廻せば、たしかにそのとおりである。しかし、ただしく最大最小理論にしたがえば、一般論をおおきく凌駕するものとして蘇生する。いま見たように両腕の動きだけを見ても最小限度しか動いていない。この動きに右のひと足がつけられると、その一歩を踏みこむ空間の中において太刀筋、両手の運動は長大な円弧をえがくため、上から振り下ろすような円運動としては見えない。また、この一歩自体が普通の正面体からのものとは異なり、倍以上の距離を獲得しているため、その空間において最大の運動量をも得ている。そして、さらに左右の腕は上から振り下ろす運動をしていないため、受の眼には太刀が上から斬りこまれるようには見えない。いきなり太刀が眼の前に出てくるようにしか見えないのだ。つまり、降り下ろしの動作が消えてみえるのである。当然のことだろう。振り下ろしていないのだから、ひとつの動きの中でその運動をさがしてもあるはずがない。ないものは見えない。だからこそ型においては、反対に見えないものを見るようにしなければならない。それこそが、技なのだ。

廻剣理論により、太刀をまわさないことで太刀がまわり、その直線性により実際の打ちこみは円でありながら直線に見え、しかもその直線は相手には見えない直線となっている。これらの理論から、真の直線とその直線に支えられた真の円は見えないものとなる。つまり、直線そのものとして見えるものは本当の直線ではないし、まるく円に見えるものは本当の円ではないと言える。そこで、また禅の言葉のようだが、無いものは見えないがまた無いものとして良く見えるものだ、という主題が現実の稽古においては生きてくるのである。

その極意性（二）

最大最小理論による太刀捌きが理解できたところで、具体的な足捌きそのものに関してすこし述べておこう。

基本素振りや型によって何を学ぶべきかが理解できた以上、はじめは初伝として受け流しから打ちこみまでをきちんと二つの足をつかう。一つの体構えから次の体構えを、あたかも剃刀で切りとったようにきびしく正確につくるのである。

そして、無足の法によりひと足となり、またふた足となる。最後のふた足は、型からはだいぶ離れる。そう、これは非日常化された日常の足で、一般にはそれが武術的に高度なものであることを知らせない。

それよりもまず無足の法の一調子の足捌きを目指さなければならない。受のひと動作ひと足を二動作二足で覆さなければならないのである。

左足を静かに振りだす。その足が地（床）に着く寸前に体を入れ替える。両足を同時に入れ替えるのである。ようするに左半身から右半身へと一調子、点の間でかわるのだ。これでやっと攻防の間が保てる。もちろん跳躍ではない。したがって頭の上下動はない。あってはならない。剣ではことさらこの足捌きに名称を付けていない。だが、ただの足捌きではない。侍の侍による侍のための足の捌き方なのである。すなわち、これは体捌きそのものである。体が換われば足が換わり、前述の変化のとおり太刀は消えたまま打たずに打つことができる。ここが稽古のおもしろいところだ。太刀を消し、体を消す。それを支える足の変化がまず消えなければならない。

これは、すでに極意としての体捌きである。楷書としての表の稽古の積み重ねの上にできるようになるものだ。似て非なることを行えば、上達の道は失われる。

心体

剣体、すなわち術技の錬磨に関しては前述したとおりなので、つぎに心体すなわち心の錬磨について述べよう。そこですこし型をもどす。

間をつめ、取は受の眼に剣先をつけて、受の動静をうかがう。受もいかにも打つとわかるような動きの気配のともなう打ちは出さない。それでも打つためには、右足をひと足ふみ込まなければならない。受は、その間合いから上体をごくしずかに入身に変化させる。一瞬の打ち込みで済むようにしたいのだ。

したがって、取は型ではその斬撃を受け流すことになっているが、そうはならなくなる。受があくまでも打ち勝つつもりでじっくりと攻めてくると、待っている取は受け応じきれなくなる。しかも上段から振り下ろすとはいえ、それはたんなる肩関節の運動ではなく胸の引き下ろしを主体とした速い間の打ちである。取が、ただ太刀をすりあげて受けるのなら、いくらか稽古が進めば間に合わせることもできる。

しかし、これは型なのだ。理論なのだ。打たれなければいい、間に合えばいいという次元の稽古をしているのではない。ひとに害されないようになるためにこそどうすればいいのか、その理論を学んでいるのだ。相手は速い。いや速い動きの理論でくるのだから速くて当たり前なのだ。しかもそれは見えず、消えている。それをこちらも理論どおりに消えた輪の太刀筋にきちんと受け流さなければならない。

取にしてみれば、そんな受が入身に入ってくるのを阻止して、できればその間合いから右足を踏み込んで大きく打ってきてもらいたい。そこで受が入身に入るとき、取はその左腕を牽制することになる。そうなると、受としてはこれ以上出たらさきに自分の腕が斬られるというぎりぎりの間合いまでしか詰められなくなる。このぎりぎりの間合いで双方が相手の虚実、動静をさらに読みこむのである。

とはいえ人の心の動きなどなかなか見えるものではない。しかし、柔術が剣術を引っ張っていくと昔から伝えられているように、柔らかい稽古、やわらかなしぐさを追究していくと相手の攻撃心、心の変化が自然と読めるようになる。それに扶けられて剣が進むのである。このように、ここではただ双方が向き合い、動き合って打ち合うという以外に、それ以前の心の働きが重要になってくる。

先

剣体と心体とを一致させるのだなどと西欧の心身二元論的な発想で論をすすめているが、たしかに見えたと思っても、体は必ずといってよいほど遅れて動くものだ。かつて祖父は相手の隙が見えたと思ったときは自分の竹刀がそこを打っていた、とまるで人ごとのように話していた。隙をみて、自分の意思で打とうとおもって打つのではない。見えたらもういつの間にか体が打ってしまっていたのだ。反射か。いやそうではない。いわゆる反射運動の定義では処理できない超反射運動だ。これは、まさに心の働きのともなった身体運動なのだ。

先というものについて種々の分類がある。しかし、そんなものは何もないと言っている流派もある。たしかにそうだろう。後の先、先々の先等々いわれるが、それは動いた結果がそうなったということで、それは動く以前に成立している結果でもある。相手が一調子の位までいった者なら、動けば対の先になる。すこしずれがある場合は先々の先となり、おそければ後の先となる。それらはいつでも先であり、相手の

駒川改心流剣術「涎賺」

型の動きの中で瞬時に正しく心身が変化することを学ぶ

思念の気配の動くところ、心の深いところの動静を察知した時点で発動された動きなのだ。

　しかし、そのつぎの段階では当然、思念の気配も消されてくる。簡単に無念夢想などと言ってもらってはこまるが、そういう心身の働きのあることは他の分野でも取り沙汰されることだ。

　相手の心の気配が読める、察知できるようになると動きそのものの一調子性とその動きと心との一調子性が重要な課題となってくる。動きそのものの一調子性は理論的な型の追究によってなされる。斬るぞと思ってから動いてもその動き自体は消えて見えない。しかし、どれほど速かろうと一調子に動けようと、それではまだまだ不十分だ。というより素人相手ならまだしも、相手も同じ次元の稽古を追究する人間となれば、打つのうの時、斬るのきの時には同時に動作を完了することを目指している。それがまず当初の目標になる。そして、次第に打とう斬ろうという気配すら消すのである。だが、そんな攻撃心の見えない相手に対しても古伝の教えがある。それらを読めば別段どうということもないように感ずる。それが稽古というもので、いろいろあるものだとつい思ってしまうものだ。

　しかし、それらを教えている人間の稽古の位を知らなければならない。どういう相手が来てもそれに対し、どのようにも対処しうるところまで行ってしまっている高いところから述べているのだ。その高いところへどうやったら我々も行けるのかがもっとも知りたい所、学びたいところなのである。ああ言えばこう言う。こう聞けばああ答える。術理ともに融通無碍の境地に到達している人間の言である。それを聴いても、やろうとしても異なる身体という大きな差がある以上、その身体的差異を埋めないかぎりとうてい出来るものではない。ただ攻撃しても斬られ、待っていても斬られるという結果だけを知ることになる。

さて、そんな心身の境地をめざしていま型の一本目にはいったところだ。

緊迫した場面である。受の斬撃を取が受け流すというが、実は取が先をとって受の心をくずし、打たせているのである。そういう術技的操作がこの間において働いている。だから打つ以前に取にその心、思念の起こりを取られると受は防戦に追いこまれることになる。まさに、そこっという心の動きの頭を取り合うのだ。だからその間さえ抑えておけば、実際の動きは老人のようでもよいということになる。

ただし、一見「老人のよう」でもよいというだけで、その動き自体は術技的にみれば一般の老人のようでも普通の若者のようでもない。

先に動けば負けるという定理は、このように型ではなおさら明確な形であらわれる。ここでいう動きとは心、体いずれの場合をも指している。

この場合では、取は先に受け流しにはいる。だが、受が斬ってもこないのにただ受け流しに入れば腹があく。空けばそこを斬られる。では待つか。待てば最初とおなじだ。さきに打ちこんでくる受の太刀のほうが速い。どうしても受けられなくなる。これではだいぶ稽古が落ちる。

この時点で、古流の型稽古は甲冑を想定したものだなどと安易な気休めで自分の未熟を覆い隠すようなことをしてはならない。重い甲冑を着けて腰を落としてごらんなさい。私より足腰の丈夫なひとでさえ、すぐにその足腰に負担のくることは容易に想像できる。だが、重い甲冑でひとより敏速に活動しようとするからこそ、まず沈身、一文字腰が多用されたのではないか。筋力に頼らないからこそ、その筋肉に対する負担もなくなり人より速くなれるのだ。速くなるために筋力を鍛え、蓄えるというのとは根本的に思想、発想がことなる。素肌であればなおのこと、その敏速性は神技を生む素因となる。

受が打とうする思念の気配を見せてくれれば、それをもらう。じっと見ていてこちらのひずむのを待っているようだったら先に力を抜いて沈み、受を浮かし、崩す。ここでは取が先をとったことになる。型の形によって気配の見えぬ相手を動かすのである。そして受に打たせ、それを輪の太刀に処理するのだ。ここにおいて、取が受にさきに打たせる術技を駆使したことになる。

受の魔の太刀

受が優先的に打ちこめれば、取はそこで斬られ、型は停止する。取が型どおりに勝ちを収めることなどできるわけがない。すなわち、いま述べたように受が斬ったのではなく取にうまくしてやられたのだ。そこで取の魔の太刀に対して、では受はどう応ずるのか。そこを応じさせ、二つの型をひとつにあらわしたのが改心流である。

受も輪の太刀をつかうのである。取に太刀を振らされた受は、それゆえ積極的な斬撃ではなく太刀筋自体がすでに防御に変質する。太刀を一瞬正眼の斬りに変化をさせるのである。そして、そのまま受け流されたかのように体を沈め頭を下げながら、取の打ち込みを受けるのである。

魔の太刀とは、斬る相手が自分を斬ることである。こちらが斬ったときは同時に自分が斬られるときである。頭上をおそう見えない太刀を受けるには、体をふかく沈める以外に手だてはない。取の太刀筋は「魔の太刀の極意性」でみたように、最短の距離を最小の動きで最大の運動量をもって、しかも消えて斬り込まれるのだ。受としては、斬ると同時に防御が終わらなければ魔の太刀を躱すことは不可能事である。

受の同時の変化に対して、取はもうその瞬間は次の変化を終えている。すなわち、受け流しからの斬撃にと思ったときは、すでに受の頭は下方へ消えていることを察知する。そのため受の頭、太刀を打つような太刀筋にはならない。受がしたのと同じように取もこの瞬間太刀は防御の姿勢をとる。先に先にと変化に応じていくのである。

型を速くつかおうとして間違ってはならないのは、型の手順を先まわりして、攻撃と防御を繰り返さないことである。そのような状況において瞬時に正しく心身が変化をすることをこそ学んでいるのである。

むかし、はじめてこんな稽古をやりはじめたとき、我ながら驚き感激したことがあった。

じっくりと間をつめ、ここぞという瞬間に太刀を斬りむすんだ。木刀が見えないとか足が消えたとかの声をよそに、我々はそのあと何をしたらいいのかまるでわからなくなり、膠着してしまった。次の動きが出てこない。まさに、頭の中が真っ白という状態であった。どちらが受か取かもわからなくなってしまったのだ。いや、何の型を稽古していたのかすらその瞬間は失念してしまった。何度か繰り返したが、やはり同じであった。斬りむすんだ瞬間、すべてを忘れてしまう。手順がなくなってしまったのだ。たかだか型稽古で、こんなことが経験できるとは夢にも思わなかった。

心身を緊張させてものごとにのぞみ、それでもなおかつ融通無碍に、その身体が心のままに対応することができたら、しかも命の懸かった場でそんなことができたら、名人なのだろう。

さて、型を続けよう。

かろうじて頭上で受けとめた形に持ち込んだ受は、機を見て取をしずかに押し込む。これは、押し込むのではない。ふっと力を抜いて取を浮かせ崩すのだ。その間をとらえて間合を詰め寄ろうともくろむのである。だが、取はその機をとらえ反対にすっと間合をはずしにかかる。さがられては頭上の太刀が恐ろしい。で、またまた反対に取に先をとられることになる。受は間合いを切られないようにぴったりと着いてくる。

機をみて取は右足を引くとき、左半身の入身の正眼に変化をする。

当初祖父は、受が首を押し斬りにしてくるから柔らかく流すのだと教えた。だが、受が押し斬りに押し込んだから、なやして変化をしたのではないことに気がつく。そのまま受が強引に押し斬りに出れば、取の太刀によって、さきに自分の頭が斬られる。それこそそのまま受のほうが頭を押し斬りに斬られることになる。

「涎賺」を使った体捌きの練習

ここにも受を吸い込み崩す心身の働きが要求されているのである。眼の前でいきなり取の右胸右半身が消えるようになくなると、その瞬間受はつっかえ棒をはずされたように前のめりに崩れる。これが型としてのもっとも期待すべき崩しである。そこを体をさらに沈め、涎賺にはいるのである。

崩れのない防御体にいる人間に、いきなり涎賺の形に斬り込むのはとうてい無理な話である。あるいは、取のこの崩しに対し、受はおくれながらも防御体となり太刀を下へ変化させることがある。すなわち取の下への変化に追従して上に気を配りながら下を防御するのだ。その機をとらえ、その崩れの度に応じて同様に涎賺に変化をしたり、二本目の切上に変化をするのである。

引き斬り

柔術でもこの涎賺をつかって体捌きを練習している。相手の左頸部または右の脇へ手刀をかるく当てるように入るのだ。はじめは座構えに組む。取は左手で受の胸を軽くとる。体を左前へ入身にしながら手刀を受の頸部へそえる。

手順は、別段どうということはない。ここで目的とする動きは、すべてを消すということだ。やわらかく等速度に、ひと調子にはいる。もちろん最大最小理論にしたがった動きにならなければならない。すると受には取の手刀が見えないばかりか、体そのものが見えなくなる。ものが動く速さそのものを感じさせない速さ、現象だ。はじめの位置からいきなり次の地点へ体が移動する。

これが、点の間である。やはり、居合術でいう「離れの至極」ばかりでなく、どの武術にもおなじ次元の体捌きが必要である。たしかに、剣の切っ先が鯉口から離れ、相手にとどくまでの間がひとつのもの、時間と空間がなくなると感じられるのと同様に、体の移動にもそれが感じられる。それとともにそういう動きを目の当たりにしたとき、ひとの眼というものは、いかに弱いもの、紛らわされやすいものかということをつくづくと感じる。

こんな動きができるにしたがい、動きを消すことの楽しさが倍加されることも事実だ。この涎賺を、みんなにやってみせ、このようにやってくださいとやる。見えないのだから、どうしようもない。動いているが、どう動いたかまったく見えないのだ。はい、もういちど。このようにやりましょう。と、やってひとりよろこんでいる。

剣術編

第四章
目附

八相の構え／最大の修行眼目／剣術における柔の素養／見える次元、見えない次元／目附／目附の極意性／すくい斬り

八相の構え

当流では、太刀を脇構え水平の形を八相の構えと称している。もともとこの構えは狭隘なところで利のある構えとされている。左右の構えがあるが、ともに上下に太刀を振るより、この八相に変化をさせたほうがよほど速い変化を可能にする。すなわち輪の太刀の原型ともいうべき変化が潜んでいる。さらに、この太刀は上段から振り下ろすのと同等の強さをも兼ね備えているものである。

双方この八相の構えで間をつめ寄り、攻防の術技を学ぶものが目附の型である。

お互いが左前腕を斬り合うことから稽古が開始される。このとき体の入れ替え動作とともに太刀を振りだす。半身から半身へと変化をするため、相手の太刀の下に我が身体はない。

だが、これはまだ斜めの体の変化ではない。正面にいていない身体を学ぶ楷書の稽古である。動かぬ身体のうちに斜に変化をすれば、それは斜の変化とはなりえない。ただ斜め方向に移動したに過ぎない。それでは直線の動きに対処しえないことになる。まず真っ直ぐに変化をするということがどういうことなのかを学ばなければならない。

体を入れ替えて真っ直ぐに変化をすれば、いやできればこそまっすぐでありながら斜めに変化をしたのと同じ効果をうることになる。そのことから斜めへの変化というものがどれほどの身体の直線性を要求されているのかが理解できる。だが、なかなか人の身体というものは、そう簡単には動かない。だからこそ、それを知るために型という身体の運用理論を勉強するのである。

いまひと太刀を振りだすのに、足を二つ使っている。ひと足出て打ち込めばもっと速いはずだと思うのは、素人の論である。このひと足は、長い距離を進まなければならない。その分を振りだすために、どうしても遅れる。それを単純に克服するには、若さと生来の足の速さを必要とする。これは武術としては内容が落ち、脚力だけの問題となる。それゆえ体の変化に乏しい打ち込みとなる。さらに刃筋も大きく狂いやすい。これでは、真剣の操法としては、どうにも危なっかしい。喧嘩と呼ばれる次元のものならこれでもよいであろう。いや、それならなんでもよい。合理不合理は問われない。無茶苦茶でも勝ちさえすればよいのだから。

この体の入れ替わりは、最大最小理論により必要かくべからざる基本的なものである。つまり、この理論により、その変化を他のどのような動き方よりも小さくしているのだ。それゆえ相手の太刀の下から回避することはもちろん、ふた足を使うことでひと足より速い変化が可能となっている。いや、ひと足をどれほど速くしても敵わない速さを獲得しているのである。この速さは、遅速不二の絶対値の速さへと転換するものだ。若さ、脚力には無縁の、術技のみの世界の速さである。

八相の構え

最大の修行眼目

左半身の八相の構えから、相手の左腕を斬り下ろした形を見てみるとわかるように、体に対して太刀そのものは相手に向かって振りだされていない。このとき太刀は、最小限度の動きであって欲しいのだ。そして、最大の運動量をもって、その空間で最大の距離を、しかも相手からは消えて見えるように移動したいのである。太刀ばかりでなく手足、身体の運動の始点と終点に着目したのが、この最大最小理論である。

この理論から、体に対して太刀は右方向へ動き始めなければならない。眼の前にいる相手に向かうのではないことはすでに述べたとおり。向かえば必ず遅くなる。そして、その空間においては小さな運動となり、ゆがんだ曲線運動ともなる。ひいては完全に見える動きとなる。必ず遅くなる不正な太刀筋と分かっていても、剣を振る状況下においては、どうしても安易に相手を目掛けて太刀を振りやすいものだ。そういう人間の、自分の弱さを型という公理公式にしたがって少しずつ克服するのが型修行の目的である。なれないうちは怖いもの、あるいはおかしな感覚のものだ。相手も剣を振り下ろしてくる。それに対して、自分はその速さに負けないためにこそ逆方向へ太刀を振りださなければならない。

そこに、ひと調子に体、足が入れ替わることにより消えた太刀が眼前に現れるのである。型によりその動作が消えるということ、型においてその動作を消すということは、稽古におけるひとつの目標になる。

いや型というものの動きを追究するうえで、最大の修行眼目となるといえる。それこそが型を正しく動けたことの証明なのだ。

自分に見えるものは他人にも見えている。まず自分で動きながらよく自分の動きを観察しなければならない。ひと動作をていねいに動いたとき、なんとなくそれが見えなかったら、しめたもの。相手にもそのように見えているはずである。つまり、なんとなく見えない動きとして眼に映ったのである。それを手掛かりに、より完璧に「消す」のである。

剣術における柔の素養

これはもう素養などという生やさしいものではない。剣にこそ柔の精髄が必要なのだ。いや、それこそが剣の神髄なのである。剣というものは限りなく、果てしなく柔らかなものであると知ることができるのも、型という消える動きが存在するからである。動きを完璧に消すことを目標と定めるからには、それなりの稽古が必要だ。

かつて祖父が、武術というものは柔術が先行して剣術を引っ張って行くものだ、と言った。そうなのだ。柔術という、それもやわらというがごとき、限りなく穏健柔和な態勢を作り上げてくれる体系なくしては、本当の剣というものを知ることはできない。それは限りなく柔らかな剣のみが消えることを許されているからである。剣を消そうと思えば、消える動きを柔術によって学ばなければならないだろう。なかには剣のみでそこまで行ける人間も当然いるのだろうが、生来遅く固い質の私には柔術のありがたさを人並み以上に実感するところである。

この体の入れ替わりにおいて、その動作のかどかどに当たるところを柔らかくすることにより格段に消失度は上がる。

柔らかくといっても、たんなる柔軟性ではない。眼に見えない柔らかさ、それこそ柔術で培ってきたところの柔性である。それも非常に短く鋭くふっと力を抜くのである。いや力などというものがこの時点であってはならない。ないものをさらに抜くのである。自身を消すのだ。空的身体ということを前に述べたが、まさに何もない、いない身体をつくるのだ。そして、いないにもかかわらず、きびしく相手の正中線を脅かす鋭い正中線を屹立させなければならない。限りなく厳しく在ることは、また限りなく柔和であることを保つものである。稽古の積み重ねを待つしかあるまい。

見える次元、見えない次元

あまりに〝消える〟ということに関して、強調しすぎたかもしれない。消える、あるいは消えて見えるということに関して、どういうものを消えると称するのかはすでに述べたところであるが、別の観点から再度確認をしておきたい。

芸術諸分野と同様に、人の身体にも、そこにあるがままの姿に多様性を見いだすことができる。身体そのものの有する働きである。

と言っても医学的な働きなどのことではない。機能的な働き、術技的働きである。しかし、その働き具合は、修錬をした眼がないとまったく見えないものである。

浮身といい、無足の身体といい、そして武術的身体というが、外見的にはみな同じ人間の姿としてしか捉えられない。が、じっとしていても明らかに何がしかの働きを有する高度な身体が現に多方面に存在している。

そんな身体が最大最小理論に則って武術の型を演じたとき、一般人の運動を大きく短縮した動き方を現す。その短縮された部分をもって〝消える〟と呼ぶことは繰り返し述べてきた。

だが、さらに、そのような動き方を見る眼が養われると、現に身体そのものは眼の前に存在しているにもかかわらず、まるで〝いない〟としか表現できない身体の在り方をも読み取ることができるようになる。まさに、これこそが消える身体である。

ただし、そんな身体をつくってくれた型というものは、昔から型そのものとして幾世代ものあいだ連綿として受け継がれてきたものだ。なにも目新しいものなどまったくない。そんな伝統的な古伝の型というものを、真摯に見つづけた結果、そのようなものがありありと見えてきた、実感することができたという

駒川改心流剣術「目附」

だけにすぎない。

そんなことは、見ようとしなければ、見ずに済むことだ。しかし、それでは祖父に三本に二本は取ると言った私の先輩のように、それほどの自信をもってのぞんだ稽古にまったく手も足も出なかった敗因を知らずじまいになってしまうであろう。年齢でもなく、眼に見える実際の速い動きでもない。眼に見えない厖大なる伎倆の差というものが現に存在している以上、それを的確に読み取る能力も身につけなければならないのではないか。その差を知ることができて初めて、危険を回避する能力も高まるのではないか。やってみなければ分からない、結果は後から付いてくるなどと悠長なことを言っていられるのは、遊戯、競技としての健全なるスポーツに関してのみであろう。

いま、ようやく私もこんなことを言っていられるが、祖父存命のころはその身体がまったく見えなかった。いや、それどころか祖父の動きより、私のほうが速いとさえ思っていた。まったく情けないばかりか、恥ずかしいことかぎりない。

だが、それこそが、ごく一般的な眼なのである。同じ人間の眼でありながら、どうしてはじめから正しいものを正しいものとして見ることができないのだろう。祖父が亡くなってから久しいが、何で生きているうちにもっともっとよく見ておかなかったのだろうと思ってもせんないこと。そんな価値観は、芽生えていなかった。同じ人間で、ただの老武術家だと思っていた。〝ただの……〟と思っていたのだ。莫大なる財産としては見ることができなかったのである。

だが、もうみんな過去の思い出となってしまった。私は、祖父には孫として可愛がってもらった記憶しかない。稽古は、ないのだ。術技としての稽古は、ない。ただの体育でしかない。総領の甚六でわがまま放題、しかも内弁慶で柔弱な私は、もし厳しい稽古を強制されていたら、きっと剣など捨てて逃げだしていただろう。放任主義で育てられたため、稽古はやったりやらなかったりのなまくら稽古だ。運動は、何度も述べてきたように、とくに球技はだめだ。鉄棒の蹴上がりもできずに学生時代を終わった。

そんな人間だから、とにかく型だけを残せればという気持ちだけで型の稽古を続けてこられたのだろう。もし、私の運動能力が高ければ、型を使えばそれなりに動けるため、自己の限界を型の限界と誤解し、真の型の世界を知ることもなかっただろう。何が幸いするかほんとうにわからないものだ。親から、先祖からもらった、体の固い、足のおそい、そして引っ込み思案で柔弱な子供であったこの私の身体が、武術によって変わることができたのだ。

足の遅さに劣等感を持っていた私は、運動会はきらいだった。子供のころは、太っていたためとくに運動はきらいであった。我々の子供のころは、戦後の第二次ベビーブームのせいで生徒数も多かった。そんな中での運動能力は、よくいっても中くらいだ。通知表の評価は、三である（五段階評価で）。

武術とは、はてしのないものだ。私のようなものでも、時間はかかったが、武術的な身体を手にすることができた。まだまだ、きりがない。いよいよ武術の世界をたのしめる。

目附

この三本目の型における「突き」ができれば五段くらいだと、むかし祖父が言っていたことがある。当時の五段といえば、滅多に竹刀を振りまわしたりなどしない重厚なたたずまいで、切っ先を低く落とし、軽い竹刀が重くみえるほど、剣道家としてはかなりしっかりした竹刀捌きのできる位だ。

改心流の竹刀稽古における基本の構えは、新陰流の位五大事《くらいごだいじ》の教えをよく残して、半身、沈身、両肘伸展で竹刀の切っ先は天井を向くほど高く構える。とくに下の位の稽古では、この形をきびしく保たねばならない。

この体形、態勢で敏速に前後左右へと変化をしながら高速連打の竹刀捌きを学ぶのである。小手面の連打で毎秒八〜十本だ。もちろん、かつて「引き上げ」と称して戒められた駆けっこ稽古はやらない。「稽古ゆえ二重にも三重にも四重にも打ってうって打ちまくる」という稽古が基本となっている。

そして、このような稽古には、かつては表の太刀の型六本を終えてからでないと、入れなかった。

だから、いきなり「この突きができれば……」と言われても、そういう一般剣道との比較が私にはよくわからない。ようするに五分にわたりあえる、ということなのだろう。

目附における突き

すると、この目附という型における突き技は、なにを意味しているのだろうか。この突きひとつで、五段格だというからには、その技の深い意味をしっかりと認識しなければならない。ただ型の手順にしたがって、突きの恰好をつくっていくら突いたところで、なにも生まれはしないのだ。反対に迎え突きを入れられるのが落ちである。

そう、この突きも突かない突きなのである。

型においては、突かないのだと認識してしまったほうがてっとり早い。ただ相手を突くことばかりに気をとらわれずに、防御ということを念じ、すなわち突かないという意識で、体を左半身に入身にしながら我が太刀に我が身体を隠しながら、相手のふところに忍びいるのだ。相手に手を出させないように術技を施すのである。

初めに、双方がお互いの小手を斬り合った（先に斬るのは受である）。そして、取は受の正眼の太刀を制覇している。そこへ柔らかく入身に突きいれるのである。

この突きは、まことに柔らかな本質を湛えたものでなければならない。と、またまた「ならない」と言われても、これこそが願うべき術技性なのだから、当初からできるわけがない。

両腕は、動かさない。ということは、つまり、動いていないように見えるほど、ものすごく働いているということだ。半身から半身への変化であるため、充分な働きがなければ、ひと足出たぶんだけの距離を太刀が進まない。反対に、切っ先が縮むような動きになりやすいものだ。正面体から、腰を乗せて体ごと突きこむような突くための突き技とは趣を異にしている。突きそのものを目的とした突きではないということである。逆に、突くための突きもこのような体捌きをもってする。すなわち、これが突きの基本ということだ。

だが、これはまぎれもない「突き」なのだ。変化をふくんだ突き技である。ここが稽古において、なかなか克服しきれない難所である。突いてはいけない突き、それもかぎりなく柔らかいがうえの剛強この上もない「突き」の体捌きでなければならないのである。

これは、剣をもって突いたり、斬ったりする型の動作のみの修錬でその成果を待つより、柔の感覚で稽古をしてしまったほうが近道であろう。いや、柔術そのものをやってしまえばよいのだ。

ただし、反対に柔術ではどうしても肉体のぶつかり合い、殴り合い、蹴り合いを想起してしまうという場合は、刃物である剣術そのもののほうがいい場合もある。得手不得手というのは、そんなところからくるのだろう。いずれにしても、そういう偏りは個人的な問題である。各人で克服していくしかない。

また、この突きのひと足、ひと動作には身体の捩じれが顕著にあらわれやすい。ということは、それがあるうちはこの型の要求する「突き」にはならないということである。

その捩じれを制御するには、脚の不動性が重要である。足の拇趾とひざ頭をとおる垂直線を動かさずに、ひと足を寄せあるいは踏みだすのである。

なお、剣術の型における攻防に際しては、一文字腰を原則とする。したがって、この入り突きの際には、左足がひと足出おわると同時に右足先も後方あるいは撞木足にならなければならない。いや、同時に両の足が変化をしなければならない。この変化がなかなか困難な動作である。たいていは、前に足が出おわってから、後足があとからかえって一文字腰となる。これは形だけの（形骸化された）稽古となる。その困難さこそが、まわらぬ身体を造り上げてくれるのだ。

目附の極意性

体がまわるのまわらないのといっているうちは、いかにも型という鋳型に自分の動かぬ身体をはめこみ、固い頭をときほぐしているようだ。

体を入れ替え、太刀を正中線上に振りだし、さらに入身に突きこむ際にも体がまわらなくなると、やっと稽古らしい稽古になる。そこからが術技性の向上を目指すことができる。

両足を同時に入れ替えることも、その辺からはじめられる。だが、きちんとふた足を入れ替える動作がかぎりなく正確になるにしたがい、あたかも両足が同時に動くように見えるのだ。両足を同時に動かすということが目的の稽古ではない。

それをさらに発展させるともう極意の一手となる。斬りと突きがひとつ、と言われる状態の斬撃である。ふたつの動作を連続して使うのではない。いや、たしかに滑らかに連続して使っているのだが、ふたつの

駒川改心流剣術「目附」

動きとしては存在しない技なのだ。それゆえの極意性である。……だから、やはり「滑らかに連続」などはしていない。

この時、足捌きは流れるように変化をする。三足をひとつに使うのである。

このような太刀筋を、型としてわざわざうたっているのは、じつは剣術ではなく柔術の極意なのだ。剣術では、そのまま奥の型として連続しているのみで、ことさら一つに使うことを示していない。型があがれば、自然にそのようになってなるものだ。こんなことから、私が三位一体ということを繰り返し述べてきたことも理解してもらえよう。

柔術を稽古していった果てに、剣術の極意性を有する太刀の変化をいままでの集大成としてまなぶ。柔の体系の上位には剣が位しているのである。そして、剣の体系の上位には、その集大成として無手が位しているのである。

ここでは、いかにも素人受けのする真剣白刃取りのようなものとしての型を学ぶのではない。そのような段階における武術的な身体のありようがどのような働きを有するものなのかをきちんと学ぶ必要がある。

まあ、この辺の段階になれば、いちいちそんなことを言われなくとも今までの積み重ねから身体が充分に承知していることだろう。

すくい斬り

受に斬らせて、その両腕を下からすくい斬りに斬りあげる技が、この目附という型の特徴でもある。とはいえ、撫で斬り、引き斬り、撥ね斬りなど各種の太刀捌きは各流派にあるもので、このすくい斬りも当流の特徴とするにはあたらない。

相手に真っ向を斬らせる、ということがここでは大事な心身の術技性となっている。斬らせる、ということはすなわち崩しである。いかにも吸い込み崩して、前のめりになるかのように、相手に斬らせるのだ。別な言い方をすれば、こちらの先の変化に遅れた相手を瞬時に防御態勢に追いこむことだ。そこを下からざっくりと受けるように斬り上げるのである。この崩し、すなわち先の先がでるためには、さきほどの「突き」が相手を追いこみ、充分においつめることができなければ、ここに連続しない。それゆえの「できれば五段」なのであろう。

この崩しには、体の沈みが重要素となる。柔らかく力を抜いて、としか言いようのない態勢が必須不可欠なことは縷々述べてきたことだが、それこそが極意性を発揮するために、まさに必須不可欠なのである。

はじめ体を沈めるのは、ごく少しでいい。沈みのみを、ごく少し。ひと調子の沈みがごく少しほしいのだ。だが、その少しの沈みにさえも、おおかたはいったん床を蹴る動作がはいってしまう。体を下へしずめるという動作は武術の技として存在している。ただしゃがむのとは、わけがちがう。

簡単と思える動作ほど、その単純性ゆえに極意的心身の裏付けがなければ術技だった動きなど生まれない。だから、体系だてられた楷書の稽古があり、段階的に部分部分の極意性へと導いてくれる。だからこその修行、稽古なのだ。

また、すくって斬るといっても、相手の斬ってくる角度、態勢、崩れ具合、速さ等により、押し斬るようにすくったり、引き斬りのようにすくったり、当てるようにすくったりなど状況に応じるべきであることは論を俟たない。しかし、型ではその基本としてのすくい斬りをまずしっかりと学ばなければならない。

それゆえ、ここでは太刀をいかにも下からまわしてすくい上げるように使ってはならない。等速度の直線運動が基本である。腕をおりたたむようにして体を沈め、相手を崩すことにより、その攻撃をゆるめさせ、やむを得ず相手が打ち込むところを下から直線に、しかも直線を描くようにして太刀を振りだすのである。

この時、太刀は体の入れ替わりによって振りだすべきである。ごくごく手や腕の操作は控えなければならない。そのことにより、体をまわさずに細い隙間、すなわち正中線を規矩とした鋭利な線上で、まるで折り紙でも折りたたみ、開くように体が変化をするのだ。

そして、左足を後ろへ引くとき、体は後ろへは退かない。退かないからこそ、「入れ替わり」の体捌きとなる。反対に体は前に入るべきなのだ。

このような一撃必殺の緊迫した間合いにおいては、入身ということがもっとも重要視される。入身肝要の事。すなわち、体の寄せとともに身を深く相手に近づけることは、相手からは遠くこちらからは近く、長きを短く短きを長く扱う重要な方便なのである。

この場面を、祖父泰治はかく言う。

『さて、両者が右足前で打ち合わせた相正眼のとき捕身は左足を一歩前進して、太刀構えは正眼のままで、受太刀の咽喉をのぞんで突きを入れます。受太刀は、素早く後退して、捕身の急突をかわすと共に、太刀を上段に構えて捕身の真っ向を打とうと致します。捕身は、受太刀の構えに応じて、素早く前にある左足のところへ、右足を踏み出し、太刀を右側体側に引きつけ、受太刀の切込みを心静かに待つのでありアます。受太刀は捕身の真っ向に隙あるのを見て激しく打ち込んで参ります。その時捕身は右足を一歩前進（まま）して、充分腰を低く落として右側から体に添って、下から受太刀の両腕を切り上げて、受太刀の斬撃を制するのであります。……』

剣術編

第五章
足切

足切／素直な良い子——滅私没我——／剣術における浮身／身体の術技的普遍化／点の間

足切

古来より正眼の構えは、攻防においてもっとも利便性の高い構えとされている。そして各流各派太刀構え、腰構えの上下高低の差はあるにせよ、構えの中でも白眉とされているだけに、もっとも研究と熟練が必要である。

しかし、構えという理論である以上、その長短をあわせ持つ。そこから、無構えの効用が説かれるところであるが、無構えこそ構えの最終形態、極致であることはすでに述べた。初心者にとっては、無意味なもの。手を出せない構えではある。

この正眼の構えは、よく下部、すなわち脚部をねらわれることがある。そこで、古伝の型では当然のごとく、その攻防理論が型として残されることになった。

改心流においては、この目附の四本目で「足切」という型を学ぶ。

毎度のことながら、足を斬るために遣う太刀は、足を斬っていない。もちろん、最大最小理論によって、そうなっているのだ。その空間において、最大の太刀の変化移動を確保しながら、自身の体に対しては最小の動きしかしていない。両手で太刀を振れば、その振った量に比例して時間がかかり遅くなる。そんな動きは、真剣の場においては致命傷ではないか。正中線を規矩とした鋭利な刃物のごとき的確な動きにささえられた太刀筋に対して、ただ手足のみをいくらいそがしく動かしてみても間に合うわけがない。規矩があってこそ、その攻防における術技性の有利不利を論ずることができるのである。

同じ理由から、すこし先走るが、小太刀に顕著な例があるので見てみたい。小太刀の四本目。受が取の足を攻める型だが、太刀とは異なり、受の太刀は大きく左肩後方に引かれ、左八相になっている。しかも、体はやや後方にそっている。取は小太刀を、受の正面に付けている。ここから受は、機を見て斬り込むのだ。ふつうなら、そんな態勢からこのような長い距離を太刀が走るのだから、いくら早く打ち込んでも取は小太刀を下方へ下げるだけで簡単によけられると思うだろう。

双方が同次元の身体運用法を持っているのなら互角の稽古ができるが、受よりも取が劣る場合、受が受けを取って合わせてくれる場合以外は、そうはならない。すなわち取がいまだ最大最小理論に不慣れな場合、よけるどころか簡単に取の足は斬られる。この速さ、間は取がどれほど優秀な筋力、瞬発力をもってしてもくつがえすことはできない。長い距離を移動する重い太刀のほうが速く、短い距離を移動する軽い小太刀のほうが遅いという結果が生まれてしまう。長い距離、すなわち最大の直線距離を、太刀は身体に対して最小の直線距離を動くだけで達してしまう。それに対して、いまだ手足をよけいに動かしている未熟な取の小太刀は、身体に対して最小の動きとはならず、より多く、そしてそれは曲線をえがきながら移動し、かつ受に対してより小さな空間距離を曲線的に移動することしかできない。ために身体の動きを比較すると、取のほうが余計な動きをしているぶんだけ遅く、しかも小さな動きとなっている。手にする武

器は、順体に応ずる。したがって、腕、手の動きが身体とともに完結したときは、同時に手にする武器も一致して動きを完了する。身体の動きの速やかなるほうが勝るのは当たり前の論理だ。

これは、身体運用法としての技術の差でしかない。取は、未だその術技的な動き方に不慣れであり、未習得であるというだけなのだ。だが、この不慣れ、未習得という問題を、質より量という稽古法ではとうてい克服することができないことは再三述べてきたとおりである。

トッという気合とともに、太刀はもう足を斬り去っている。ビシッとかブンッという暑苦しく騒がしい動きではない。ふっと動いたと思った時は、もう終わった時という、静かで冷たい動きなのだ。

このような点の間ともいえる速さは、身体各部の等速の直線運動によって可能になる。極意と呼ばれる次元の身体運用理論は、すべて基本から発生している。すでに述べたように、基本としての重要性はそこにある。その意味では、初心の稽古とはいえ、すでにそれは極意の理論そのものなのだ。あとは、なにも、ない。稽古によって、できるようになれるかなれないかだけなのだ。だからこそ、その稽古そのものの仕方が大きな意味をもってくるのである。

出だしでつまずき、方向を見失えば行くべきところへ行き着けるわけがない。

素直な良い子——滅私没我——

こどもの評価に、素直な良い子という言葉がある。武術を学ぶには、理論を理解するだけの頭脳も必要だが、この「素直な……」という素質が、願わくば欲しいところである。

何事においても、一流の基準というものがある。しかし、その一流の基準とは、眼に見える技術的なことばかりでなく、というより見えない部分にこそより重要な価値が含まれているのではないか。どれほど技術的には一流の仕事をなし、作品、製品をつくりだしても、世の中の眼は、ただそれだけでは認めてはくれないものだ。

だが、もし現在では、それらをそのまま一流と言ってしまうのなら、いまここで言う一流とは超一流のものを指している。では、超一流のものとはどんなものを言うのか。様々な分野において、いちいち例を挙げるまでもないだろう。

心のはたらきのそなわったものとでも言えばいいだろうか。

心のはたらきが表にあらわれるような身体ができていなければ、いくら願ったところでそんな仕事はなかなかできるものではない。

型においては、斬る役をする取と斬られる役をする受がある。いくら約束ごと、虚構とはいえ、「斬られる」ということに嫌悪を抱く者がないとも限らない。だが、そのような気持ちが存在している以上、けっして三位一体の武術的身体を獲得することなどできないのだ。

剣というものは、自身が死ぬこと、斬られることそのものを学ぶものなのだ。死ぬこととは一体なんなのだ。斬られるとはどういうことなのかを学ぶのだ。それがいやなら剣など、いや武術など学ばないほうがいい。死ぬこと、斬られることを学んだ果てに、厳としてそこにいるのは、未だ知ることのできなかった自分自身ではないか。

斬られること死ぬことを肯定し、なおかつ斬られる身体、そこにいるわがままな自身の身体を否定することにより、父母や祖先さらにその先、あるいは今後の未来にも変わることなくそこにあって居つづけるひとつの身体、それを共有する自分自身を見いだすことが出来るのだ。

そのような武術的身体という、見えぬが明確に存在する身体というものを獲得するためにこそ型というものを学んでいるのである。

いま、見えぬと述べたが、そうではない。武術的な身体の存在様式そのものとして、見ることができるものだ。そんな身体をあらたに創りあげることのできる、型という高次元の身体運用理論には、強情我慢は通用しない。手の上げ下げもままならないうちに、それこそ我流に動いては、どんどんとひねくれるばかりだ。我をだしていたのでは、なにも得られない。私を殺すこと、我を殺すこと、すなわち素直になること以外に手だてはないのである。

素直な心、素直な眼でなければ、何も見えないし、何も把握できない。そうであっても、当初は何も見えないのだ。だからといって、見えないと我を張っていたのでは、剣の世界を学ぶことなどできないではないか。

そんなこと出来るわけがない、と思うことも各人各様でその範囲、上下はさまざまである。ここにいう「そんなこと」というものを、私は型に限定して追究していきたい。逸話のおおくは、個人の問題であって、流儀や武術的身体から派生したものだ。そんなことを可能にした身体がどのような働きをもっていたのか、どのような型稽古によって、そうなれたのかが大事なのだ。大事なほうから眼を逸らしては、私のような鈍物は、祖先の遺産をあやまって伝えることになる。それを惧れるのみだ。

剣術における浮身

型の動作には、浮身がほしい。

子供の頃から尻が重いと言われていた私は、成人してもその鈍重性をぬぐいさることはできなかった。意識して速く動こうとすればするほど、その重さはいやが上にも増すことを感じていた。そんな私がいつとはなしに、首から下がないような軽さを感じはじめてから、こんなことが稽古中にあった。

柔術の話になるが、奏者捕という型をやっていた時だ。相手が三歳前から来ている石田U子なので大丈夫だと思い、速く動いてみた。が、彼女はついてこれずに型がこわれてしまった。その時、私は彼女の背中にひょいと正座をしてしまった。といっても、一瞬のことで、すぐに脇へどいたのだが、自分でもその時は実際の体重よりもずっと軽い感じがした。聞けば、彼女もその軽さに驚いたとのこと。

まさか、飯篠長威斉のように、笹の葉の上にひょいと乗るなどというお話はさておき、私のようなものでも実際の体重以上の軽さを相手に感じさせることができるようになれたのだ。そういう身体機能の働きを生み出してくれるのが古伝の武術である。

このような「浮身」そのものを、いくら意識してみても時間の無駄である。

本来、浮身とは、柔術における無足の法と同様に居合術における術語である。しかも、型である。居合術の型を、素直に学ぶにしくはない。だが、すでに何度も述べたとおり、その身体理論は、それぞれの武術に共通のものだ。

しかし、いずれを学んでも同等の成果を期待できるとはいうものの、浮身という言葉に導かれる作用自体の大きさは否定できない。とはいえ、振武舘においては、現在ではもうどの武術を稽古をしていても、その説明にはそれぞれの術語が交錯している。

そのような術語の力を借りて、日常的な動作の延長におちいりやすい型稽古という運動を、まったく別のものと認識するように努めているのである。

また、型における浮身の連続性を保つために、足を置くという方法を取る。しかも、足音を立てないよう、足をひとつひとつ浮かしては、移動先へと置きにいくのである。「浮き足」という禁忌がある。この浮き足ではない。これこそが、こすり足ではない真の「摺り足」となるのだ。

ひと調子の無足の法による体の入れ替え、すなわち両足の前後への入れ替えが跳躍を否定していたのと同様に、そのものを説明しようとすれば、そのものについてではなく本質について言及しなければならない。だが、それでもなおその真意をつくすことはできないのだ。

上位の受が取の前足を斬ってくる。これが上位者の動きであるため即座に受け止められないことはすでに述べた。その段階は、少しずつ克服していくしかない。術技の上昇を待つのみである。

そこで、ここでは取自身の稽古として、まず型通りに動くことを勉強しよう。

体を後ろへ引かずに、前の右脚を軽く浮かし、左足土踏まずに引き寄せる。これでいちおう受の斬撃を受けたことにする。次いで、受はその太刀を右の輪の太刀に返し、取の真っ向を斬りかかる。取は、右足を引き寄せる以前の位置より、さらに深く踏みこみ、右の輪の太刀に右肩へ受け流すのである。

この右足の二動作に、浮身、あるいは無足の法と言われる身体運用理論が発揮されなければならない。いや、常時、非日常的身体としての在り方を保つことができて、初めて剣という修行が進められるのだ。そしてまた、そんな身体を確保するためにこそ、種々の武術を多角的に身体に意識させるのである。

この足を引いて受ける動作は、足を受けるために太刀を下方へ引き下ろさない。受の斬撃がそうであるように、こちらも手を使ってはならないのだ。使えば間に合わなくなるという原因がここにある。体捌き、

型通りに動く

受の真っ向斬りに対して、右の輪の太刀に右肩へ受け流す

とはよくぞ言ったものだ。手や足は極小の動きでよい。極小で体がきちんと変化をするからこその極大の動きが生まれるのである。ただ小さいだけでは、相手の攻撃の力に負けてしまう。大人の力に子供の力では抵抗できない道理である。それが抵抗できて当たり前の理論、構造について学ぶのが型の世界なのである。

身体の術技的普遍化

勝ち負けにこだわる時期があってもいいが、自己向上のための自己否定という型からはいる以上、武術の修行において勝負（勝負稽古、試合稽古の意）そのものに執着していては修行自体が成り立たない。

いや、すでに述べたが武術というものは、ひとと争わないことを眼目としているのだ。たとえ稽古の方便とはいえ、稽古そのものが人との争い、戦いを模したものとなってはならないのである。それもまたある面、形骸化そのものではないか。

武術においては、武術的身体という武術的世界における基礎的身体でもあり求むべき究極の身体でもある普遍的身体の獲得を専一に修行を進めなければならない。

だが、一つの世界の中だけで、理論ばかりに固執していると実戦性の欠如から知らずしらずに落とし穴におちいる可能性がある、との誹りを受けるかもしれない。が、その誹りは当を得ていない。理論とはいえ、そこでやっていることは古来からの武技、木刀を打ち振るっての「稽古」そのものなのである。先祖が伝えようとした「型稽古」というものを狂いなく残そうとしているだけなのだ。その型における身体運動の方法論を、現代的な視点から見つめてみたところ、まさに合理合法な理論のかたまりであったというだけなのだ。より合法的に、より科学的にと希求すれば、それは型の完璧性の追究以外のなにものにもなり得ない。その技を伝えようとするからこそ、普遍的な身体運用理論というものに固執する必要が生まれたのである。

もし、実戦的な観点から、剣は速さが至上命題だというのなら、とにかく人より速く動ける自分を創らなくてはならない。そこでは人より速く、見えない太刀を振れるようになることが先決問題だ。人より速いということは、すでにそれだけで大きな戦力を、少なくともひとつは確保したことになる。そして、さらには消える動きの獲得だ。そのためには、型という理論を身につける以外にない。その他、試合の駆け引き、読み、心理作戦などなど多面的な修錬はそれからのことだ。まず自身の戦闘機能そのものを高めること、身体の術技的普遍化ということが第一義であろう。それゆえ、型を理論ととらえてしまったほうが手っとり早い。

稽古ゆえ、一般的な意味での速い使い方も当然行なわなければならない。そこには、実動での限界への挑戦という雰囲気がないでもない。といっても、ここにいう「限界」とはたんなる体力、素質的なものではない。あくまでも型をとおした、実際の速い動き方の追究である。どこまで術技的に高速で動けるかをさす。したがって、動けぬうちは、その動きが駄目な動き方であることを自覚しながら、なおかつ全速力で動かなければならないという狭間におちいる。相手をつけたときの稽古と自分ひとりの稽古との差をうめる作業だ。

が、ここで現れる即物的なだめな動き――下手な動きなら良いのだが――は、徹底して否定していかなければならない。そういう眼に見える速さは、次第にそれなりに動けるようになるものだ。するとまた、ゆっくりに見えていて、実は速いという世界がさらに深く実感されてくる。本当の恐ろしい剣というものがどういうものかが再確認されるのである。それは、すべてが理論によってささえられた動きなのだ。

点の間

いま我々が目指しているのは、この身体の術技的普遍化にほかならない。すなわち極意的身体運用法といわれるものの獲得である。この段階における動き方は、まさに点の間にしか存在しない。

本章における「足切」という型において、受の攻撃は足と頭を同時の間でおそってくる。これに対し、取は同じ間で受け応じなければならない。足と頭を瞬時に防御しなければならないのだ。その時の足は、後ろへ引くと同時に、さらに前方へ深く踏み込んでいなければならないことになる。

そんな自然界の敏捷な動物のような速さで人間が動けるのだろうか。しかし、たしかに点の間としか感じられない間、世界が存在している。ただ速いのは、問題にはならない。ゆっくり見えていて速い動きの方法を身につけた人間が、実際に速い打ち込みで攻撃をしてくるのだ。それを、防御、制覇しなければならないのである。

この間は、実際の速度の遅速には無関係に存在する。その速さを得て、実際に速く使うのだ。だから、その動きを知らない相手はとうていその速さにはついてこられない。ついていけなければそこで自分は斬られてしまうのだ、ということを型は教えているのだ。

祖父の『剣術教書』には、次のように述べてある。

『そして、両人ともその場で右足を入替えの構えにかかります（入れ替わりとは、左足に右足を揃えると同時に左足を一歩後退させる動作を言います）。さて左足を踏みおわると同時に、構えを正眼に変化します。いわゆる相正眼の構えに太刀を組み合わせ、互いの左小手を打つのです。

相手の体の動きに隙があるとみた受は、取が踏み出した右足を払おうと、その切っ先を右外側から大円を描いて、取の右足を打ちます。

それと見て取った取は、右足を一歩左足の同所に退きまして、今まで正眼に構えて居りました太刀先を下ろして、左手で柄を上方にあげ、右手で鍔のほうを下にし、左手を上方に右手を下に太刀先を右足が前に踏み出した構えの位置に擬して、受太刀の切っ先を受け止めます。

点の間

極意的身体運用法の段階における動き方は、まさに点の間にしか存在しない

受太刀は、いま足払いに失敗したものの、今度は相手の前額部に隙のあるを見て取り、間髪を入れぬ早業を以て、右側に大円を描いて太刀を振りかざし、相手の真っ向からうち下ろします。仕太刀はこれを防ぐために素早く右足を一歩前に踏み出しながら、一文字腰に固めて左手で握った柄頭を頭上に高く、右手の鍔元を前額の耳側に置いて、太刀の刃を右肩に着くように構えます。

受太刀は、真っ向に振り下ろした太刀を仕太刀の構えの太刀にくい止められ受け流されるために力が余って前方へ太刀を流され、ややよろめいてその体の構えに崩れが生じます。

この瞬間、仕太刀は右足の入替えを敏速に行って左方から大きく円を描いて右側に振りもどし今しも崩れのみえた受太刀の体の右背部を右肩袈裟掛けに打ちます。

これを中太刀足切と称するのです。

稽古中、特に注意すべきことは、第三図動作の場合で、すなわち右八相を合正眼に構え直す場合、打ち込んで振り下ろす太刀が左右に揺れたり、下方に振りすぎることの無いように腰の振りを堅固にしなければなりません。又第四図の場合、受太刀は正眼の太刀を足払いに変化させる早業が肝要ですが、仕太刀は足を後退させる動作と太刀を擬する動作との二挙動を、受太刀の行なう一動作より速く行わねばならないので、それは疾風目にも止まらぬ早業を以て応じなければならないのであります。……』

こんな調子で、まことに懇切丁寧な説明ぶりとなっている。が、そのひと動作ひと動作をどのように使えば、「疾風目にも止まらぬ早業」になるのかは皆目見えてはこない。

『足の入替えを行なうのでありますが、その入替えを行なうときに、飛び上がらぬ様に、充分腹部に力をこめて、順序よく素早く入れ替えること……』などとも注意があるが、ここにいう飛び上がりとは、子供が伸び上がるような腰の上下を戒めているだけなのだ。これを、祖父はよく「提灯腰」と言っていた。腰を提灯のように伸び縮みさせるんじゃない、と。

そんな祖父の文章からは、いかにも昔のきちんとした稽古ぶりを窺うことはできるが、別次元の身体を創造することの可能性は、私には残念ながら何も感じられなかった。

これは、奥太刀のところにある文章だが、

『構えと、その太刀の変化と動作中の腰の運用とを熟練すれば敏速な術技となって、奥太刀としての神技となり得るものですから、何回も修錬を繰り返す覚悟がなければなりません。』

と、言われても、現代人の私には、これもまたどう読めばいいのかまったくわからなかった。それは稽古だから、やればやっただけの何かは得られるであろう、としか理解できなかった。しかも、その何かは、即物的な結果しか思い浮かべることができなかった。だから、私などが多少のことをやったとて何が生まれるわけでもないと諦めるしかなかったのだ。いきなり「疾風目にも止まらぬ早業」と言われても、元来足の無い私がいくらやったとて、生来足の速い人間を追い越せるわけがない。もともと素質というのは、それ以上にはならないのだ。あるいは、科学的合理的な訓練によりわずかばかり伸ばした記録にしても、そこに付随する体力、筋力などは加齢とともにどんどんと落ちるではないか。将来、落ちることがわかっているものを、そんな無駄はしたくはない。それまでの積み重ねが明確な伎倆、術技の高まりとしてあって欲しいものである。

私は、この「型」でいまどんどんと「速く」なっている。いや、また誤解される。無速の速さ、の世界に遊んでいる。やっただけのことが、着実に積み重なっているのだ。

型の世界、型そのものを「異化」することによって、その本質的なものがまるで別世界のものとして眼前に開けてきたのだ。型の異化により、明確な理論を掴むことができた。そのことにより、型の認識論も生まれた。その認識論により、今までの一般的な古伝の武術に対するものとは大きな隔たりが生まれた。

しかし、型の稽古法そのものは、ほとんど変わってはいない。認識ひとつによって、身体が生まれ変わるのだ。私のような鈍足が速い動き方を知ったおかげで、速くなれたのだ。ただ何回も修錬をする覚悟でやったから、できるようになったのではない。

剣術を剣そのものとして、柔術を体術そのものとして、居合術をたんに鞘から太刀を抜き付けるだけのものとして、そんな各武種ごとの狭い理解のもとに稽古をしてきたのではない。何万回やっても、そのままでは将来はさらに駄目なままでいるであろう自分を否定している型というものに気がつき、素直にそれを受け入れただけである。

駒川改心流剣術「足切」

「では個々に存在してきた剣術とは、柔術とは、居合術とは何なのだ」という質問は、三位一体の武術論に対してはなきにひとしい。武術というものを、より原初的な認識にさかのぼれば遡るほど、殺伐としたものに近づくのは止むを得ないことである。だが、人を斬り殺すということ、投げ殺すということ、殴り殺すということなどがはたしてそのまま今日に武術を学ぶ価値観として通用するとも思えない。

武術から武道へ、つまり術（人殺しの技術）から、道（人として本来あるべき姿）を求めようという風潮は昔からもあったことだ。まして、「道」ばやりの昨今である。人殺しの技術というのは、その術技から道を学ぶための方便でなければならないだろう。「強さ」ばかりを優先した価値観で武術を学ぶというのは、現代においてはスポーツならいざ知らず、少しあやういのではないか。いや、そんな言い方をされてはスポーツこそいい迷惑だろう。元来スポーツこそ、健全な遊戯、競技として人生を楽しむ糧としてあるのだ。

私に伝えられた剣というものは、術そのものでありながら、それはすでに道としてあるものだ。だから、駒川改心流剣道などとは言えない。道をふりまわすほど、私は野暮じゃない。

剣術編

第六章
実手

上位の腰／受け流し／鉤／正郡の実手

上位の腰

太刀でもそうだが、実手のような小武器となるとなおさら腰を落とすということが重要になる。

武士と言えども初めはみな素人だ。腰を落とすと、きまって居つく。居つくことを嫌うがために、すぐに腰を上げる。もともと敏速な人間は、そのほうがはじめから速く動ける。人と較べれば、その速さの優劣は如実だ。だから、誤解をする。それが「速い動き」だと。

そのような一般的な考えが大勢をしめる中で、腰を落とすということが神速を手にいれるための捷径だと、どうして初めから知ることができよう。

師について、型の第一歩を踏み出そうとするとき、それが自分の思うがままに動けないからといって、そんな簡単に師の教えを否定できるものだろうか。普通の人間ならできるわけがない。そこで否定されているのは、自分のほうなのだ。型が、低い腰構えが、悪いのではない。できない自分、動けない自分が悪いのだ。そんな巨大な壁を乗り越えられる人間、乗り越えようとする人間が少ないからこそ、低い腰構えというものが省みられなくなってしまったのだ。

祖父は、腰の低さで伎倆をはかった。実際の稽古時における低さは当然のことながら、形態には現れない本質的な低さを持つ者をその上位者と判定した。体型の同じ者が、腰をまったく同じ高さに落とした時、上位の者の腰はたしかにより低く落ちているものだ。眼ができてこなければ見えない伎倆そのものが、たしかにそこには一流の基準として、見えないが現に見えるものとして存在している。上位者となればなるほど、その腰の低さは恐ろしさを秘めてくる。

稽古において、腰を落とせ、というのは至上命令だ。その結果、腰を落とせば体が軽くなり、浮いてくる。動きは軽やかになり、まるで体重がないかのようにさえ見える。それは、居合術でいうところの浮身であり、柔術でいうところの無足の法が身についた身体である。実手という武器術を、たんなる古武器の一種、特殊なものととらえ、その振りあつかい、操法にのみ眼がとらわれてしまうと何も得られない。実手とは、まさに太刀術から発展した理論そのものなのだ。

さらに、腰を落とすという方法論によって、そこから初めて自然立ちの姿を得ることも可能となる。腰を落とすということが、何を意味しているのかを知ることができて居つかぬ身体、消える身体の基礎を養うことができるのである。

神速を得るための要諦が低い腰にあるということを知る我々は、型稽古における腰の低さというものを絶対に崩すわけにはいかない。

受け流し

昔、祖父は太刀の一本目の受け流しの態勢が正しければ、ほれこのとおりとばかりに強く打ち込んでみせ、打たれた者がなんでもないことを教えていたものだ。

涎賺でやったように、そこにはまさに輪の太刀の素振りそのものの正確さが要求されている。肩の三角筋の上に乗った太刀は、肩を傷めることなく無事に相手の太刀を下方へと流れさすことを可能にする。

だが、それは出発点である。どう間違っても自分は怪我をせずに身を守れるという楷書の稽古である。それが次第に、太刀自体が斜めになっているかどうかということに重きがあるのではないということを学ばなければならない。こう言うと、かなり飛躍があり誤解をまねくおそれもあるが、たとえ太刀あるいは木刀が斜めになっていても、そこに受けて待っていたのでは相当な衝撃力、斬撃力をこうむることにもなるのだ。祖父の手によって矯正された構えの上から打たれるのと、未だ技術いたらず自分で作った受け流しの態勢で打たれるのとでは、やはりそれなりの痛みや衝撃に大きな差がある。

以前、楷書の稽古をややゆっくりとしていて、相手の受け流した太刀を少し強く、いやきちっと真っ直ぐ打ったところ、ボロッと折れたことがあった（木刀を折られた彼は、夜店で売っている杖のような安物だからとは、言っていたが）。

腰の低さ

本質的な腰の低さという基準は、見えないが見えるものとして存在している

受け流し

身体をよどみなく円やかに働かせて相手の太刀を巻き取る

普通なら、上からまっすぐ打った太刀は、ななめに構えられた太刀により斜め下方へと滑り落とされるのだろう。ふつうに打ったり、叩いたりすればたしかにそうなる。

若いころ、子供らと稽古をしていて随分と乱暴な打ちをして折ったことが幾度もあったが、それ以来二十数年ぶりだろうか。努めて柔らかい稽古を心掛けるようになってからは、初めてのことだった。

いずれにしても、受け流しというものは受け流すことのできる身体そのものの働きこそが重要なのであって、角度云々ではないということも知るべきであろう。それゆえ、受の真っ向の受け太刀やいま述べている実手などの小武器での攻防が可能となるのである。実手、小太刀などという小武器の運用は、まさに身体そのものの運用理論を、太刀から押し進めたものである。

太刀の型でやったように、受太刀の太刀筋は水平であっても、相手の斬撃を受けるために講じた手だてならば、それは結果的には受け止めた形になっていても、完璧なる受け流しの技そのものでなければならない。

そのような太刀の運用法を身につけた上で、さらに実手という小武器を学ぶのである。したがって、実手での受け、受け流しは本質的にすべて受け流しとなる。形は受け止めていても、体の変化により、相手の斬撃力をすべて受け流し、受け応じていなければならないのである。

鉤

その実手には、鉤がついている。当然、型にはこの鉤を利用した技が編まれている。そして、この鉤を生かすためには、剣の柔らかさが必要である。

剣というものは、柔らかさがその速さを生み出す根幹となっているのだ。柔術が剣術を引っ張っていくのは、そのためである。

さて、この鉤を利用して相手の太刀を巻き取る技がある。ここで、まろやかに身体を操作するということが、いかに困難なことかを知る。相手にぶつからずに、軽やかに相手の太刀を奪取するのは、なかなかの難事である。相手が太刀をたんに固く握っていてくれれば崩しやすいが、柔らかくいつでも応変可能な態勢にいると、とても巻き取ることなどできないものだ。それを、型だからといって許すわけにはいかない。

ここでも、まさに柔術と同じく、力の抜きくらべが必修の要素となる。けっして相手にぶつからないように、よどみなく円やかに身体を働かすのだ。それこそが、剣に対抗しうる柔術の身体であり、また剣の身体なのだ。

そう、手ではなく身体なのだ。身体の操作によって、両手、実手をまるく働かすのである。それをささえるのは無足の法、全身体そのものだ。手では、けっして円は作れない。手を動かせば、その虚をとられ、自分が先に斬られる。相手の太刀は容易に鉤をはずし、こちらの身体いたるところを襲う。手に力を容れて鉤で太刀を挟み込んでおこうとする過った努力はしないにこしたことはない。無駄な抵抗である。常に斬られるということを念頭において、巻き取りおわるまで柔らかく終始相手を制御し続けなければならない。型だから、順序だからといって太刀を簡単には巻き取らせてはもらえないのである。正しく巻き取るためには、自分の術技を働かす以外に手だてはない。

型における動きは、相手の実手を、まるく巻き取っているかのように見える。しかし、それは柔術で見たように、誤解なのだ。その動きの本質は、たしかにまるい。が、そのまるさは実際の動きにおいてはなかなか出てこないものだ。自分がやろうとする「まるい動き」は、はじめはすべて否定されてしまう。すなわち、そこで初めに見たまるさは、即物的なまるい部分のみであって、動きのまるさ、眼に見えないまるさは見えていない。どのように身体を働かせれば、そのような眼に見える丸さになるのかがまったく見えず、理解しえていないのだ。

太刀や実手などの武器を操作するのは、すべて身体そのものであって、手足はつけたりである。細かく微妙な変化をする手先、腕の本体はまさに働きのある身体そのものなのである。

上位の受の方が注意をしてくれる。胸を下ろせとか肘、肩の力を抜け、足の踏ん張りを消せ、などといったものが多い。身体に関する部分的なものですらなかなか容易にはできないものだ。それらが全一体の、

実手

筆者の曾祖父・正郡の実手（上）と現在振武館で使用されている稽古用の実手（下）

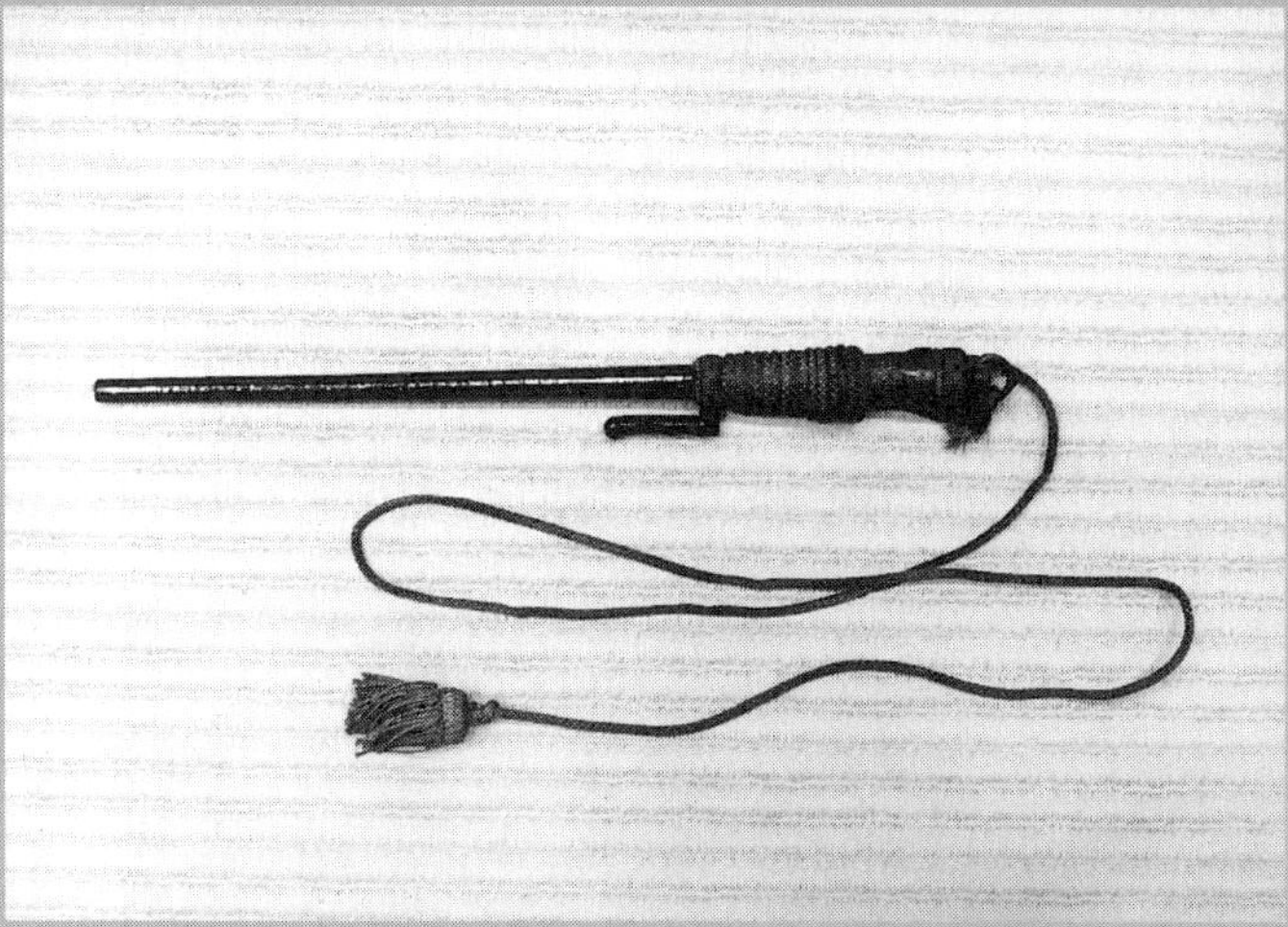

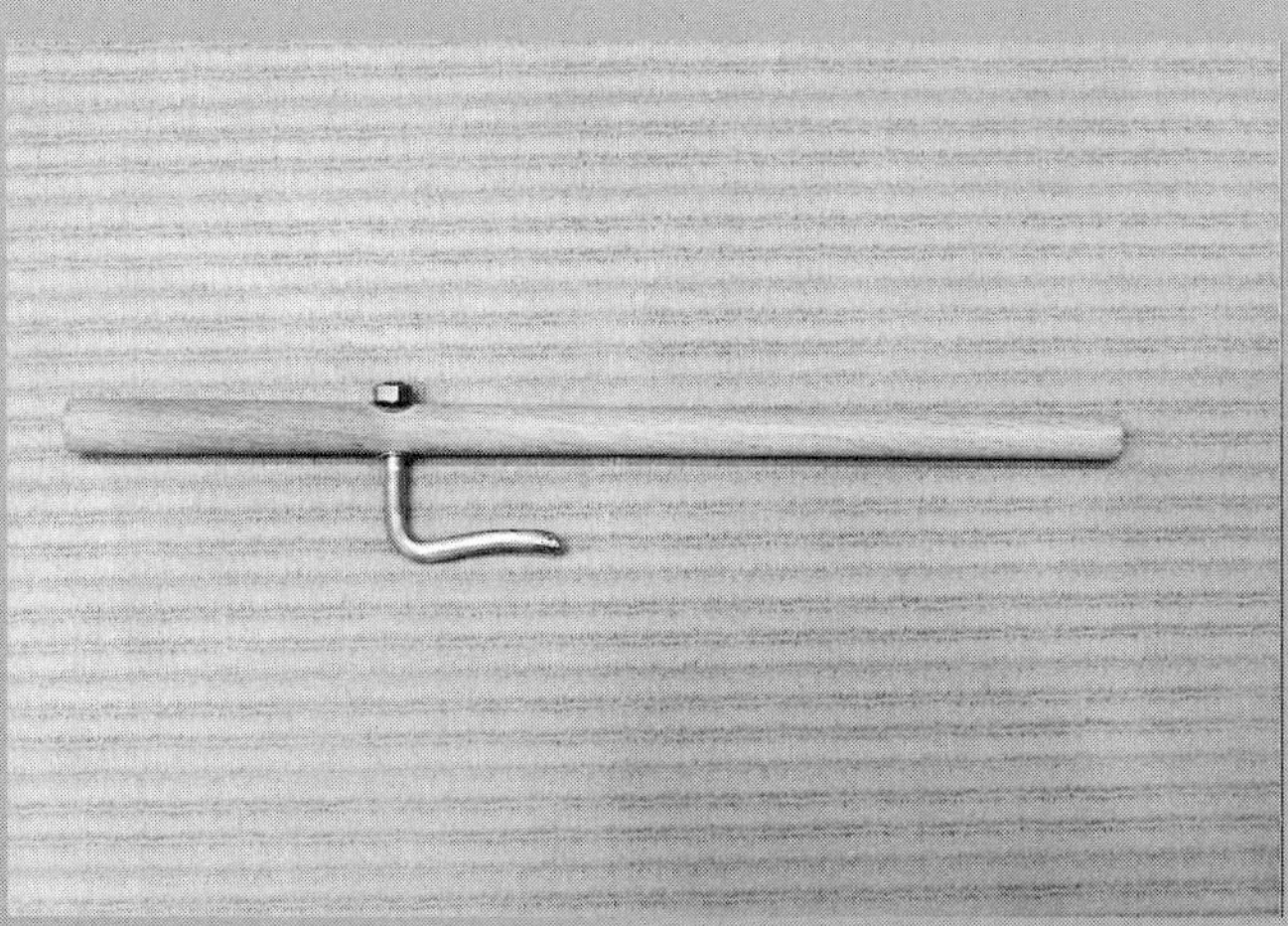

ひと調子の動作となって、初めて「相手の太刀を巻き取る」ことが可能となるのである。

たしかに相手が素人や多少の力みのある人間なら、そんなしちめんどうくさい身体の操作などまったく必要はない。単なる物理的な力の作用でいくらでも相手の太刀を巻き取ることは可能である。だが、柔術がそうであったように、剣というものを学ぼうとすれば、力というものを絶対という言葉まで使って否定していかなければならない。そんな力まかせの奪取法を行なう時、力ゆえの非常な遅さを痛感することができる。

もし、実手の型というものを即物的な形でしか稽古できないとするなら、そんな小武器で実際に太刀に太刀打ちできるものだろうかという疑念を払拭することはできないであろう。いにしえの小太刀の名人伝説は、小説や映画の世界のものとなってしまうではないか。すくなくとも、どう相手が頑張っても、またどれほど柔らかく鋭い態勢であっても型の理論として、正しく巻き取れるようになることが先決である。

正郡の実手

私の手元に、一本の実手がある。

曾祖父の正郡のものだ。

廃刀令後の腰の寂しさをまぎらわすために、一時、正郡の腰にあったものである。

長さは、約三十五センチ。鋼に軟鉄が被せてある。鉤は四センチ、竹の節に似せた細工がしてある。紫の紐は、すでに色あせている。

以前は、こういう物に対して、なんとも思わなかった。いま、こうして見ていると先祖の血のぬくもりを感ずる。

曾祖父が、これを手にし、腰にさしていたのだ。それをまた祖父が大事に伝えてきた。

私にとっては、かけがえのない物であっても、人には無用の骨董品か鉄くずでしかないだろう。

漆黒の実手。

なりは小さいが、大きく重い。

私は、このような物を、次代に伝えることができるだろうか。

剣術編

第七章
実手の操法

持ち方／構え／不動剣の構え／切っ先返しの構え／陰剣の構え／胸刀の構え／操法

持ち方

「順」に持つ場合は、右手で実手の柄を刀と同様に斬り手に把握する。鉤は、刀身の刃と同じ向きにする。なお、右手の親指を鉤の留め金（稽古用実手の場合）にあて、親指の長さの分だけ鉤から手を離して持つ。これは、相手の太刀を受けたとき、その刃で握っている指を傷つけないためである。

「逆」に持つ場合は、陰剣の構えと同様に逆手、すなわち親指側に柄頭、小指側に鉤および身がくるように実手を持つのである。同じく、鉤の部分はいくぶん離し、小指側にあてない。

構え

実手の型において多用される構えは、不動剣の構え、切っ先返しの構え、陰剣の構え、ならびに胸刀の構えである。これらの構えは、太刀術の構えとまったく同じである。

ただし、いずれの構えにおいても、腰構えは低く、ことさらに低い半身の腰構えを定法とする。剣よりもなお低く、相手よりも必ず低くしなければならない。

これは、最大最小理論の要請であることは論を俟たない。それゆえ、たんに腰を落としただけでも、その一歩は大きくのびる。腰を落としただけで、その前後左右への移動は非常に拡大されるものだ。

しかも、腰を落とすということは、居つかぬことを学ぶための逆説なのだ。はじめて腰を落とせば誰でも居つくことは何度か述べたとおりである。だが、そのことによって居つくということが理解できるからこそ、居つかなくなれるのだ。居ついて人におくれをとるようなものを、往時のさむらい達が正しいと認めるはずがない。腰を落として居つかぬための方法論が型なのである。

だから、型の真意を知らぬ者は型というものを大きく誤解する。型というものは、一見不可能なことを、さらに不可能であると思えるような態勢から、可能にすることを要求しているからだ。その型を、自分が動けないからといって捨てたり、改変（改悪）してしまうことが多々ある。それは、近代的合理合法論を隠れ蓑にした逃避、廃棄ではないか。まるで駄々っ子が自分の気に入らない玩具を投げ捨てるようなものではないか。祖先がのこそうとした大事なものを、そんなに簡単に捨てることができるものか。

型は理論そのものなのだ、という認識ひとつで自分自身が変わることができる。術を身につけることができるのだ。腰を落とせば落とすほど、浮いた身体、浮身が現実のものとなる。そこに居ついて堅固な態勢を造るためのものなどではない。消える動き、消える身体、すなわち動きの支点や気配など身体の内にも外にもあってないものとなる。消せるものは、型によってすべて消すのだ。

そんな高度な身体技法を学ぶのである。実手とはいえ、そこには正しい構えがある。手先で振りまわしたり、相手の太刀を叩いたり、また何となく構えるようなものなどは、素人ならいざしらず、理論としての、剣の階梯としての、実手術にはありえない。前述したように、これは剣術の一端なのだ。剣の構えなのだ。

不動剣の構え

不動剣の構えとは、左半身、一文字腰の低い体構えで順手に実手の柄を持ち、右の手首を右腰にあて、実手の身で水月を覆うように斜めに擬するものをいう。

このとき、実手の先端が体から離れないように（開かないように）注意しなければならない。

この構えについて、祖父の泰治《やすじ》は、はじめにこう書き記している。

『この不動剣の構えは、両眼のくばり方に注意を要するのです。眼のくばり方は、相手に隙を与えぬ点で肝要なことでありますが、この不動剣の構えは、ほとんど両眼は活気に満たして相手を防ぐと言っても過言ではないのです。』（剣術教書より）

これでこの構えの真意が理解できる人は、そのまま修行を進められる方だ。たしかに気分的には納得できるが、昔日の私には何も理解できなかった。型と言っておきながら、これは心のはたらきではないか。心身の一致がともなわなければ、いくら両眼をみひらき、あるいは険悪にしたとてそれで隙がなくなるわけではない。どれほど正しく構えたつもりでいても、身体そのもの、構えそのものに隙がある以上、打たれるものは、打たれるのだ。眼のくばり方ひとつでわが身を守ることのできる術技を獲得することのできる正しい構え、いや厳しい構え、そしてその構えからの正しい稽古の方法が知りたいのではないか。私は、知りたかった。祖先や、一部の先輩のすぐれて腕のたったことなどいくら聞いても、憧れがつのるばかりで現実の自分はどうしようもない。この型でそうなったということしか理解できなかった。すぐ、諦めが先に立った。だから、その構えから、のそのそと型をつかうばかりだ。のそのそ、ぼそぼそと型を稽古しつつ、気持ちは飛燕のような早業を、と念願することしきりであった。

切っ先返しの構え

切っ先返しの構えとは、柄を持つ右手を頭上にして実手の身に左手をそえ縦一文字に擬し、やや前方へ斜めにした構えをいう。

これを、祖父は、太刀の切っ先返しの構えの項でつぎのように説明している。

『……そして、太刀構えは手甲が頭上に接するよう、これをかざしながら切っ先は頭部から前方に下げ、手先二、三寸の所を通して相手の眼を睨み、左手は手先を相手方に向けた太刀の切っ先から三寸ほどの峯側を受添えておきます。……

そして上体は、左肩が左膝の直線上に立てるように、これをやや右にひねり、頭は横向きに左肩上に顎が乗るように左側に廻します。そして、左手を直角になし、これを左肩線上に置くのです。』(剣術教書)

かつての私は、こんな大事なことが書かれてあることに気がつかなかった。

こんな窮屈きわまりない形を楽々と身体がゆるせるなら、もうそれは極意ではないか。その上は、もう自然体しかない。いくら突っ立っていたってかまわないのだ。腰を落としに落として、鋳型にはめ込むようにして構えをつくり、そこからつぎの構えへと正しく変化することを学ぶのが武術の修行というものだ。祖父の教えを、いまになってようやく学べるようになってきた。書かれてあること、言ったことの大事さがやっと理解できるようになってきた。いままでは何が大事なことなのかが、まったく見えていなかった。わがまま勝手に型を稽古していただけだった。

私の構えは、……まだまだ、あまい。あまい構えから、何をどう動いたって、ろくな技になるわけがない。

構えを正しく知るということに、全力をつくすべきだと言った祖父の言葉の重さを今ようやく理解しは

実手の構え

上・不動剣の構え
下・切っ先返しの構え

じめたところである。

陰剣の構え

陰剣の構えとは、実手を逆手に持ち、身をしっかりと右前腕尺側につけ、相手に隠して見えないように構えるものである。体構えは、前記同様である。

この構えについて、祖父は最後に、こう附している。

『この構えは、八相の構えと同じように振り上げる動作が必要でなく、相手のどんな場合の構えにも直ちに太刀を繰り出せる利益がある、鋭い機敏な構えであります。』（剣術教書）

ここにいう八相とは、改心流の八相の構えである。

太刀を身体後方に構えていて、ただちに太刀を繰り出せる機敏な構えだと述べている。述べているからには、そうあらねばならぬと心得て稽古に励むしかない。

たとえば、『剣術教書』にいう。

『そして、この構えはどんな隙があるかと言えばそれはいうまでもなく、正面の頭部、右半面、左足等が相手のために尤も狙われやすい部分にあります。

今、これらの部分へ相手が打ち込んで来た場合の手合いを述記いたします。

先ず、相手が我が正面をのぞんで打ち込んで来た場合の手合いについて述べますと、相手の太刀が、わが頭上に振り下ろそうとする瞬間、我は腰構えをそのままにして、両足共に摺り足で、約一歩程飛び進み、右拳を頭部の前上で、腕を額に着け、左拳を下腹部の前に置いて、左肘を左脇に接して切っ先を受けます。刃先を上方に向けた我が太刀を前額部で擬したまま受け流しておき、次に両足を入れ替えて右腕を前方へ伸ばして柄頭または鍔で相手の前額部へ打ち下ろすのです（又右足一歩飛び込み、前同様鋭刃を受け止めて、後足を入れ替え右手の刃先で相手の右小手に押しつける方法もあります）。

或いは受け止めた相手の切っ先を、我は両足を入れ替えながら右拳を左肩のほうへ動かし、左手を後方に送って、我が太刀の柄頭で体の左側へはねのけます。そして、直ちに刃先を前方へ返して崩れかかった相手の正面又は左半面へ打ちつける方法もあります。云々。』と。

各構えについて、こんな攻防が例示してある……。

それらは、みな型から派生した応用の変化でしかない。本道を学ばずに応用に手をだせば、空虚な刀の舞となるだけだ。

ちなみに、最後にこう述べている。

『尚もうひとつ注意を要すべきことは、限定された技を確実に会得するまではみだりに応用手合いを行わぬ事と、無闇に勝負を争わぬ事で、それと凶器をみだりに使用せぬ事等に注意を払い、幾回も稽古を積んでますますその妙奥を味わって頂きたいのであります。』

胸刀の構え

胸刀の構えとは、両肘を体側にしっかりとつけ、実手の身に左手をそえ、胸の前で実手の頭をやや左前方へ擬した形をいう。

祖父は、『この構えは正面からは容易に打ち込みがたい堅固な防御の構えであって、その両手は自由に動かして相手のどんな攻撃をも受け止めることができる都合のよい構えであります』（同書）と述べている。

おもに実手型においては、相手から身を守りつつ引き下がる時に使われる。

これらの構えは、また小太刀にも常用されるもので、太刀ともども小武器をあつかう上でよく注意して稽古をしなければならないものである。

操法

実手術とはいえ、古武器としての実手そのものをどうこうするというところに重きはない。たしかに武

実手の構え

上・陰剣の構え
下・胸刀の構え

器の構造上、鉤を利用して巻き取る技なども含まれてはいるが、しかし、鉤そのものに相手の太刀を巻き取るだけの力はないといってよい。いや、物理的、構造上での問題を論じているのではない。それはそれなりによくできているものだ。術技上、そういう卑近な問題にかかずらっている暇はないということだ。

つまり、巻き取るための身体の運用法こそが、太刀術につづくこの段階においては大事なのであって、武器そのものに頼ってはならないということである。武器そのものの特性や機能に頼れば、すぐ限界がみえてしまう。相手は剣を知る人間なのだ。その剣を学ぶということは、剣を捨てるところまで学ぶということだ。それは、たんに型として見ても、表から裏、奥そして極意などへと体系だてられているではないか。

この段階では、太刀術における身体の運用理論の確認と、さらにそれを押し進めるための柔の技法の混在を認識しなければならなくなる。剣の速さは、その柔らかさに裏付けられたものである。古来より、力には限りがあると戒められてきたゆえんである。命が懸かっている以上、眼に見える限界のあるものには、手を出さないほうが賢明であろう。太刀における受け流し、受け応じとはいかなるものであったかを復習してみるとよい。

いままでの剣の理論では、大きいものを小さくあつかうという基礎理論を学んだが、それは同時に小さいものを大きく扱うということでもある。すなわち実手術においても最大最小理論を、実際に小さい武器を使用して学ぶのである。それらのことから太刀や実手、あるいは小太刀など、さらには棒や薙刀、槍などといった種々の武器をあつかうということがなにを意味しているのか、その理解を深めていかなければならない。

太刀術と実手術が武器の相違のままに、まったく別のものだと捉えたらどうだろう。ひとつのものをきちんと学ぶのでさえ容易なことではないのに、そんな近視眼的なとらえ方をしていたら、それこそ私など一生をかけても何も身につけることなどできない。理論が同一であるからこそ、それぞれの武器が生きて働くのだ。同一理論だからこそ、どれを学んでもそれぞれがその段階においてそれぞれを引き上げ、合い補ってくれるのだ。

柔術が剣を対象としたからこそ剣の身体というものを、限りなく「速い」ものと理解することができたのではないか。当然のことながら、実手もまた剣の世界のものなのだ。実手術において、実手という武器そのものの扱いに長じることは大事だが、けっしてそのこと自体が重要なのではない。それにより、剣そのものの伎倆を上げていくことこそが大事なのである。実手術というものは、使いようによってはおもしろいものだが、改心流においてはあくまでも階梯のひとつにすぎない。剣という体系の部分的要素なのだ。

剣術編

第八章 実手型

型稽古の前に／肱落／肱留／燕返

型稽古の前に

太刀より小さくて軽いからあつかいやすいと思うのは、大きな間違いであることはすでに述べたとおりである。だが、同じ理論、同じものなのだとは言っても、やはり長いもの短いものにはそれぞれの特質がある。それら物理的特質を充分に生かした上での身体の運用理論がまったく同じだと述べているのである。

腰に大小をたばさむ以上、それぞれのあつかいに充分に習熟しておれば、とりあえず用は足りる。しかし、体系だてられた型の世界を知れば、そうも言っていられない。少しでも上をめざそうとするなら、型の段階にしたがうべきである。上へ行けばいくほど微妙な身体運用のむずかしさが加わってくる。それが極意という型までつながっているのだ。

祖父は、幼少のころ、食事の前に素振り——もちろん低い居合腰の廻剣素振りである——を日課として五百回振らされた。子供ゆえ、早く終えようとして回数をごまかしたこともあったそうだが、そのうちきちんと振りおわらないと食事がうまくなくなったと言っていた。そうやって、いつとはなしにつらいはずの低い腰構えに慣らされ、なじみ、表の太刀の型にはいったのだ。だが、通いの弟子たちがどんどんと手合いを進めるなか、祖父は表中太刀の型六本だけを六年間やらされた。自分より下の者がどんどんと手合いを進めているのに不満を抱いた祖父は、師父正郡にその理由を問うた。

「ああ、黒田の者は、それでよいのじゃ……」

こうして十二分に仕込まれた技を基礎として、黒田の目録、免許をめざしたのである。

太刀を終えた者が学ぶ、実手術である。

肱落《ひじおとし》

術者（取）は、不動剣の構え。受は、左上段の構え。

静かに間を詰め寄り、受は機を見て取の真っ向に斬りつける。

このひと太刀をいかにするかが、武器の大小にかかわらず、要点となる。どれほど力わざ的に頑張ってみても、それは無理というもの。力に対して力で対抗するには、おのずと限界がある。太刀同士ですら、受け止めるということは否定されていたはずだ。

ここでは、はじめの段階とはいえ、太刀術をそれなりに卒業した者たちが対象なので、そのことを前提として説明を進めたい。

受は機を見て打ち込むのだが、取としてはその機を抑えて、体を前方へ深くすりこみ、受のふところへ入身にはいる。

すなわち、取は左足を一足ふみこみつつ腰を落とし、右膝をついて体を沈め、実手を前下方へまるく振

肱落

出し、その振りだして落ちつくところへ頭をいれて、太刀を受けるのである。受ける形は、下から上へ実手を受けにだしていくが、その空間での実手と太刀の関係を見れば、上から振り下ろされる太刀を、実手は柔らかく下に沈みながら受け流して止めているのである。

これは、左足前の左半身にいて、そのまま両足ともに踏みこみ、ひと息に相手の打ち込んでくるふところへ右膝を着いて飛び込むのである。いや、いかにも跳ぶようには跳ばない。跳ぶのではない。跳べば、間に合わなくなり、相手の太刀を受け損じることになる。

この要求に対して、「いや、間に合おうが合わなかろうが、とにかく実手を頭上へ引き上げて受けるぐらいのことはできるであろう。結果的に間に合わせることができるではないか」という論は、型の高度な理論を自ら放棄するものだ。それは術技の芽生える余地のなにもない不毛の稽古となる。相手に応じていちいちやってみなければわからないような稽古は、やる必要などない。

剣術にもまた無足の法は、歩法として常套手段である。床を蹴らずに、体を前方へ倒しながら、その補助動作として右足による体の送りがある。それができて体の沈みが可能となり、実手による受けが可能となるのだ。

昔、祖父がよく言っていた。キャッチ・ボールで強いボールを受けるのに手を前につきだす人はいないだろう、柔らかく手首をきかしてボールと一緒に後ろへ引いて受けているだろう、と。だが、いま述べたように、実手そのものをどうこうしていたのでは受けの限界がすぐ訪れる。受からないのだ。

この受けの動作は、身体そのもので行なっているのだ。実手そのものは、自分の頭上へは引き上げられていないのである。前下方、相手のもっとも嫌うふところへ送り込まれているだけなのだ。その実手の下に我が頭をひと調子にさし入れているだけなのだ。動作の終わった形を見れば、どちらも同じではないかという論もあるやも知れぬが、それはさきほどの間に合わせ論と同じく大きな誤りである。それでは相手の太刀をみすみす呼び込むことになってしまう。相手はそのまま天地を斬りさく勢いで太刀を振り下ろしてくる。実手を頭上に引き上げ、突き出すようにすれば、相手の打ち込みはさらに急激となる。突き出す実手に対しては、自然そのように身体が反撥をするのだ。いかにも受けにいく所作は、相手の太刀勢を倍加させるもとだ。そんな受け技は——このような所作はまったく技などとは言えないが——それこそ実手ごと両断されてしまうにちがいない。

実手を頭上へ振り上げる動きと実手の下へ頭を体ごといれる動きとをよくよく較べてみるとよい。筋肉の使い方も違うし、なによりもそのことにより、体、実手の変化に消える動きが生まれるのだ。つまり、このひと動作自体が最大最小理論にかなうようにならなければならないのである。

術技というものは、たとえ相手が天地を斬りさくつもりで打ち込もうとしていても、その技を尽くさせないようにするのが本旨ではないか。実手術としての心身の働きを発揮させることが、ここでの重要事項である。ほんらい受からぬものを、より受けやすい状況に、さらには確固として安全に受かる状況に転ずることができて、初めてそれを技というのではないか。術とは、そういうものだ。それが型においては、明確な、しかも再現性のある動きとして現れるのである。ここでは、取が受の機を抑えているということ、機に応じているということ、そして最大最小理論にのっとった一調子の動きを求めることこそが重要なのである。

機を抑え、機に応じるためには相手の思念の気配を読めなければならない。そのことにより、より一層に受の太刀を「死に太刀化」させているのだ。受けるべくして、止まるべくして受け止めることのできる状況を充分にととのえた上で受けているのである。だが、受も上位となると、次の段階ではその思念の気配をも消してくる。いつ打ち込んでくるのか、いやいったい打ち込もうとしているのかさえ読めなくなる。こうなると、取としては、そこにじっとしていては必ず斬られるという状況に追い込まれる。そこでまた、さらに大事な心身のはたらきが要求されてくるのである。

取は、受に斬り損じさせなければ勝ち目はない。そこで取としては、読めない心の気配に執着していてはならなくなる。いや、思念の気配、動きの気配などというものは、もうこの段階ではその起伏に応じて自然に察知できるようになっている。読もうとせずに読めるのだ。相手の心が起これば、そこを的確に捉えられるのである。

したがって、いまこの状況で取が行なうべき術技は、受に斬らせる、斬り損じさせるという一点のみである。ただ斬らせたのでは、こちらが真っ二つだ。相手の太刀はとまらないと思っていたほうがよい。取は、間をぎりぎりの臨界点までつめるのだ。いや、もう距離的にはすでに一足一刀の間である。小武器には、不利な間である。この間において、緩急遅速はそれぞれに、自分から体をわずかに沈めるようにして、受を引き崩して間を詰めるのである。がむしゃらに、あるいは脚力にもの言わせて相手のふところに飛込むのではない。それは、匹夫の勇、猪突猛進というもので武術でもなんでもない。斬れる人には確実に、斬られる。

取は、受の打ち込みをその前に破っていなければならない。こちらのちょうどよい間に、打たせるのである。だからこそ、受かるのだ。受かるから入れるし、「入れる」から受かるのだ。そして、受が打ち出す太刀の下に、すでに取はいない。居るが、居ないも同然の動き、間をつくっているのだ。受が斬り込みおわったところを、さらに安全にすくい流すようにして受けているのである。

以上のように、この第一本目では、取は受の攻撃をひと太刀で封じ、次いで実手としての特徴を生かし、油断なく受の太刀を巻き取りにはいるのである。

すなわち、下から静かに左手を太刀の柄にそえ、左足に右足を踏みそろえ低い腰構えに立ち上がりながら、左手を大きく左へ円を描いて左腰に巻き取るのである。

相手の太刀を巻き取るというが、表の太刀を終えた人間ですらなかなか容易なことではない。それほど、たったこれだけのことができないものだ。素人ならば、相手が力を容れていたほうが難しく、力を抜いてやわらかいほうがたやすいと思うであろうが、実際はそうではない。前著『気剣体一致の武術的身体を創る』の柔術編でくどくどしく述べたとおり、柔らかい相手を崩すなどということは至難の技である。理論的手掛かりがなければ、まったくお手上げで、ついつい力技のほうへ向いてしまうものだ。そのほうがごまかしが効くし、とにかく自分より少しでも力の劣る者相手なら、なんとか間に合うという現実感がある。だが、それにも限界があることは周知の事実だ。力んでいる相手を力でなんとかしようすればするほど術の世界からは遠ざかるものである。

いま実手を学んでいる方達は、すでにそうではない世界にいる。少しでも自身の身体が非日常化する楽しみを心得ている。ここに、巻き取れない太刀をいかにして取るかという身体の問題に取り組む愉しみがある。いかにも術を学んでいるという悦びがある。……いや、苦しさは皆で分かち合いましょうというべきか。

軽く柄に両手を添えた受の太刀は、相手の不用意な変化に俊敏に対応する力を秘めている。なにもしなくとも取が足に力を容れて立ち上がろうとすると、その力みが手に伝わり押していなくとも押したことになり、受にぶつかり、太刀は異常に重くなり崩すことさえできなくなる。これは、受が取られまいとしているのでも何でもない。こちらに取らせてくれようと力を抜いてただ待っているだけなのだ。取られないようにしているのは、まさに我意我慢によって太刀を取ろう、立ち上がろうともがいている自分自身なのである。そんな歪みの多い自分自身の動き方そのものが型通りに変化したとき、その動きこそが技となるのである。

立ち上がりに際しては、立ち上がらないのだ、足を低い腰のまま寄せるだけなのだと意識したほうがてっとりばやい。だが、そうは思ってみてもそのように、意識したように、身体は動いてくれない。立たないと思っても、左足に重心が移れば、それはもう立ち上がる動作以外のなにものでもない。そのような立ち方ではまったく立てないことを知らされるものだ。だから、それを意識したとおりに、立たない立ち方というもので立てるように稽古をするのである。

また、左手を大きくまわすというが、廻そうとすればこの駄目な立ち方とあいまって余計に相手にぶつかる。そうかといって、まわし巻きとらなければ型にならない。大きくという問題もある。

とりあえず、前段階ということで受が許してくれたとしよう。すると、たいていの場合は、このとき立ち上がりが早く、左手の動作が遅れるということがわかる。その動きではすこしも大きくならない。ないどころか相対的に小さくなってしまう。左腕のみの運動としては最大に円を描いていても、そのひと動作全体の動きの中では小さい。膝を伸ばして大きく立ち上がれば、反対に小さくなってしまう。その場かぎりの不統一な小さな動きであっても、手足、身体が大きく動くため、それを大きい動作だと錯覚、誤解したまま動いているのが一般的な運動の仕方である。

では、この巻きとれない原因である早い立ち上がりを制御して、立ち上がりをゆっくりとつかい、左手の巻き取りを早めに行なえばうまく立ち上がりながら太刀を巻きとれるか、というとそんな簡単に人の体というものは動いてはくれない。今度は、左手が真先にぶつかり、やはり立てないことに変わりはない。手足を合わせてひと調子に立ち上がればよいと理解しても、その動きはさきほどの脚力をつかう立ち上がりの早いものと、また同じになってしまう。身体の働きが変換していないのだ。思ったとおりに、注意されたとおりになど、すぐには動けない、動かないものなのだ。

そんな稽古風景が、実手というものである。

肱留

以前、と言っても私が二十歳代のころ、古い先輩が祖父になにか用事で道場へやってきた。祖父の不在を告げに私が出た。先輩は、なつかしげに実手を手にしたところであった。そのふた動作、三動作が、祖父が我々に教えてくれるときの形、雰囲気そのままであった。いかにも楷書の動きそのもので、その一つひとつの動作がそれはそれはきちんとしたものであった。

祖父に仕込まれ、その技をすなおに身体に吸収した方たちはわずかではあったが、かくのごとく祖父と同じ動きを、いや生きた型と同じ動きを基本にできたのだ。個人の動きのくせなど何もない。無色無臭だ。これが流儀というものだろう。同じものが、時代や個々の人間に左右されずに伝えられるのだ。これならば、誰がだれに教えても間違いのない改心流の型の動きを伝えることができる。

その先輩は、型をわすれたと言いながら、実手をもとにもどして帰られたが、忘れたのは型の手順でしかない。その動きは、まさに祖父から手渡された祖父の動き、改心流の型の動きそのものではないか。十年二十年稽古をしなくとも腕は落ちないとは、まさにこのことだ。体力は落ちていても、動きの質が一般人のものと大きく隔たっている。むかし得た動きそのままだ。こんな方に対して、いくら防具をつけて稽古をつけてもらってみても、私には大きな時間の無駄のような気がする。そんな竹刀による叩き合いにおいて、たかの知れた工夫でその日その日のわずかばかりの奏功を期待するより、その祖父と同じ動き方を、どうやったら身につけられるのかを型でみていただいたほうがよほど充実した稽古になる。竹刀稽古は、生兵法のもとだ。型を手直ししてもらいたい。


肱留の型は、陰剣の構えからの体捌きをまなぶ。

受は八相の構えから、横から縦へのふた太刀の攻撃の太刀筋をまなぶ。

両者、間合いを詰め寄り、受は機を見て右ひと足を踏みこみ、取の頸を真横に斬り払わんとする。

取は、その機をとらえて、右ひと足を踏みこみ一文字腰となる時、右手の実手を大きく下からすくい上げるようにして顔の左前に垂直に立ててその斬撃を受け流す。

この時、大事なことは受の打ち込もうとする思念の気配をおさえて、同時に柔らかく力を抜いて体を沈めるのである。これが働かないと、受の斬撃をもろに腕で受けることとなる。実手という武器で受ける以前に、受け流すことのできる態勢を作り上げておかなければならない。

実手の柄頭が床をこするように大きく動けというのが、この第一動作におけるもっとも重要な指示であ

肱留

る。だが、よくこの「大きな動き」の動き方を間違えるものだ。手で実手を大きく動かそうとするから、実手そのものの動きは小さくなり、遅くなる。ただたんに大ぶりに動くから相手の太刀の速さに間に合わなくなる。大きく動いた分だけ遅くなってしまうのだ。自分の大きく動くという感覚で動くことが間違いであることを痛感する場面である。

祖父は、よく「ひょいとやるのだ」という言い方をすることがあった。このひょいは、本人にとってはごく小さく動いた感覚だからこその表現だが、じつはその空間における最大の動きとなっている。だから、ひょいという速い間で動かれると、見えない。

最大最小理論というのは、もっとも小さく動いてもっとも大きな動き方を生む方法論でもある。そこで、はじめは大きく動くということがどういうことなのかという理論を学ばなければならない。なぜならば、大きく動くということをみんな誤解しているからだ。いや、すくなくとも武術的には、初めはだれも知らない。大きく動くということと小さく速く動くということを二つの運動として認識している。だから、大きく動けば大きく遅く、小さく動けば即物的に速くはなるが小さいままだ。ある動きの一方向に著しく偏った大きく、強く、速く、高くなどというのはスポーツの主題である。大きく動けば、小さく速く。小さく動いても大きく速い。そして、その速さは同じものだ。その結果、高くいても、低くいてもその高さは同じ次元のものとなる。それが最大最小理論である。

この実手の変化を体そのものに対して見てみると、右腕を真上に肘が直角になるだけの動きしかしていない。この最小限度の腕の動きに合わせて、右のひと足を大きく踏み出し、ひと調子に体が右半身に変化をするのである。このとき、右肩を消したい。実手を振り上げようとすれば、どうしても右肩に動きの気配があらわれる。はじめは動く以上現れると観念したほうがよい。できないと思えば、やめるしかない。できないことを稽古するのが修行というものではないか。

また、さらに体の沈み、胸の開閉、等速の直線運動によって、実手の描く螺旋運動を最大のものとするのである。また、出だしの抜きによって、ここでも相手の初太刀を死に太刀化させなければならない。

そこで、初太刀を打ち損じた受は、すぐさま右足を引きながら太刀を右に廻旋させ、取の真っ向へ打ちこもうとする。

取は、すかさず左足を大きく踏みこみ、受のふところへ入り、実手を腕とともに頭上へ振りあげて右膝をついて、受け流す。

このふた太刀目の起こりの時、取は再度体の力みを抜いて浮身をかけて体を沈めなければならない。その変化によって、受の眼には、取の頭が一瞬消えたように見え、斬撃の目標を失った受は打ちよどみ、大きく崩れることになる。このようにたえず受を崩し、斬撃を無効ならしめるためにこそ、最大最小理論にしたがい腕の動きを最小とし、実手の動きが地を這うがごとく大きくなるようにすべきなのである。

受は取に体を沈められると打ちが崩されるとわかっていても、崩され、あるいは打ちが鈍らされるからこその技なのである。だから、型の反復稽古の中で、何度でも崩される。打とう、攻めようとする受の立場を保持する以上、どうしても崩されてしまうものである。

また、受が打とう、攻めようとせずに防御の態勢にいて、静かにいれば、崩されないかと言えば、そうとも言えない。取優位の伎倆の差がそこに歴然と存在していると、型とはいえ、受はやはりどうしてもその型通りにうまく捌くことはできないものだ。だから、その間の取り合い、心身の一致を求めて、しかも安全に反復修錬が可能になるのである。

次いで取は、実手の先を受の眼につけ、左掌を相手の太刀の柄頭に下からあて、右足を左足に踏みそろえながら低い腰に立ち上がり、この時同時に受の太刀を巻き取るのである。

本来は、受が優位、上位者であるため、取の技を引き出すように、うまく合わせてくれるものだ。取よりも、少し上のところで攻めてくれるため、何とかかろうじて受け流し、留めまで稽古をもっていくことができるといった塩梅である。その受は、そこぞというところで、崩してもらいたいと期待しながら、攻撃をかけ、取のその一瞬の抜きと同時の体の沈みを待っている。待っていてくれるからこそ、取の動きが理に適ったとき、見事に崩れてもらえるのだ。あるいは、その動きを可と認めてくれるのである。そうやって扶けてもらいながら、取の上達とともに、受はどんどんと上位の者にかかわり、あるいは受自身が難度を上げてくるのである。

その上位の受もそうやって育った。型の追究というものは、技の追究である。だから、限りがない。生きているかぎり、どこまでも技の追究を楽しむことができる。

燕返

取は、切っ先返しの構え。受は、改心流の八相の構え。
双方間を詰め寄り、受は機を見て取の頸を刈るように斬りこむ。
取は、体を入れ替え、腰を沈めて右ひざをつき、実手で下からすくい上げるように大きく円を描き、受け流す。即座に左足を一歩前へふみだすと同時に、左手で受の手首を抑えながら、実手で突く。

取は、間を詰め寄りながら浮身をかけ、受がまさに斬ろうとするその一点をとって、抜いて体を沈め、受を浮き崩しているのだ。頸を斬られるから受け流すのではなく、誘い込み、斬らせているのである。そうでなくして人が剣の速さに勝てるわけがない。そんなことを信じてこのような型を漫然と行なっているとしたら、常識を疑われるだけだ。受かるべくして受かる道理が厳然として存在しているからこそ、その道理を学ぶ楽しみも存在するのだ。身体はあとからついてくる。

体からふっと力みが一瞬にして抜けると、相手はあたかも身体が消えたかのように錯覚、あるいは吸い込まれるように引き崩され、構えを崩す。消える身体をもって、相手の虚を誘うのである。このような抜きを意識しても身体の働きがともなわないうちは、何も現れないものだ。だからこそ、意識しつつ型通りの正しい動き方そのものを学ぶのである。思うだけで間に合うほど、剣の世界はあまくない。

次第に、ことさら抜きを意識しなくとも身体そのものが浮いてくるし、消えてもくる。こんなことは、型でなければ、どうでもよいことだ。しかし、そのどうでもよいことこそが実戦において、自らの身体、生命を守るための重要な術技の一端となっているのではないか。

型稽古によって、その動きはどんどんと見えなくなると前にも述べた。たしかに、その消え方は、技の上達とともにさらに見えにくくなるようだ。

以前は、動きを消そう消そうと意識してもなかなかきれいには消えてくれず、自分の眼にもそれが見えて、くやしい思いをしたものだ。それが次第に、祖父ではないが、ひょいと動いても、自分でも気持ちがよいくらいその動きが見えないことがある。とともに、だが、……と思うことも忘れない。

かつての祖父のことを思いおこす。ひょいと居合を抜いて、どうだ、見えないだろう、と言う祖父の動きを私は見えていると思っていた。そう言われた弟子も内心は私と同様であっただろう。術技いたらず見えない眼には、何をどう説明されたって、その見えないことがまったく見えていないのだ。現に、祖父の動きはおそかった。いや、見えないほど速い動きを遅いとしか私には理解できなかったのだ。だが、いまはそんな世界の動きを理解し、評価してくれる方たちもふえてきた。

見えないことが見えないとは言っても、そこは型である。「燕返し」の燕返したる瞬息の体の変化に、実手は見えざる動きとなる。もちろん体の動きも消える。動いたという結果しか脳裏に残らない。正しい変化を見せれば見せるほど、実手の変化は見てとれなくなる。一応ゆっくり動いてみせるが、判別しにくいようだ。見える動きは理論からはずれた動きと判断してよい。それを筋力で速くすれば、速い線のうごきとして見える。いつまでたっても、消えはしないし、間も詰まらない。ただ何となく、あるいは気分的に、またがむしゃらにやってみても駄目なものはだめなのだ。

型を正しく覚え、伝えるということは、見えない動きを正しく見てとるしかないのだ。だが、いくら見たところで、見えないことにかわりはない。そこで、心眼……などと野暮なことは言わない。見えないものを心でとらえるだなどと抽象的なことは、言いっこなしよ、だ。見えなくしているのは、理論ではないか。いままで縷々説明してきた理論によって支えられた動きが、消える動きを生んでいるのだ。

型は理論なのだ、技そのものなのだということを、何度も繰り返しておこう。

型というものは理論であって、見せるためのものなどではない。もちろん、勝負稽古など成り立たない。斬る役と斬られる役（取と受）が定まっている虚構の世界なのだ。だが、そこにも厳として腕の上下は如実に現れる。上位の者に追いつき、追い越す早道は、型の稽古しかない。相手の身体は十の動きを知っている。こちらは零だ。それが稽古の出発点である。とはいっても自分が十の動きを学んだときは、相手は二十にも三十にもなっているかもしれない。それは相手が稽古を休んでいてくれなければ、けっして追いつくことも追い越すこともできないのだ。相手が一生を通じて、見えざる技の稽古をし続けていく以上、差が広がることはあっても容易に追い抜くことはできないものだ。

剣術編

第九章
小太刀

小太刀一本目／飛んで跳ばず／陰剣からの変化／動きを消す／肱車（砂巻）

小太刀一本目

祖父はまだ子供だったが、曾祖父の正郡は、ある時小太刀の受を真剣でとった。型の手順どおりに合わせてくれるのなら、真剣であろうとなかろうと何も問題はない。こちらが順序さえ間違えなければ、まったく危険などないのだ。

だが、この場合は違った。相手はけっして憎くて殺すつもりで太刀を振るのではないが、ひとつ躱しそこなえば、こちらは痛い思いを覚悟しなければならない。そこには、ただただ斬るぞ躱すぞという、それこそ真剣な思い入れのみがあるばかりだ。

幼い祖父にも真剣を持ち出されても怖いとか危ないなどという気持ちはまったくなかった。それがごく普通の、日常的な稽古だったのである。木刀が真剣に変わったから危ない、怖いなどという気持ちは生まれないのだ。普段から木刀を真剣と思って稽古せよというのは、そういうことだ。祖父の兄の正義は、竹刀のひと太刀で竹胴をへし折った。竹刀も木刀も真剣もすべて同じ次元のものなのである。個々の物理的な重量や形状、質の差異などは問題とはならない。すでに述べたとおり、異質なそれぞれを使用して学ぶものは、たった一つのことなのである。

正郡が受にたつ小太刀の第一本目である。

ひと太刀目を後ろへ飛びさがって躱した祖父は、見事に左の膝頭を斬られた。

曾祖父の太刀は、型通りに、深く斬り下ろされたのだった。

開いた傷口に、正郡は
「これで、腐らない」と言って粗塩を揉みこんだ。

そしてさらに、障子の桟に溜まっている埃を指ですくい取り、

「これは自然に溜まったものだから、（血止めに）よいのだ」と言いながら傷口に塗り付け、包帯を巻いた。

翌日、祖父はびっこをひきひき稽古をしていた。


受が真っ向へ斬りつける太刀を、取は後ろへひと足飛んで躱す。斬りそんじた受は、即座に太刀を下からすくい返して左脚を斬り上げようとする。すかさず取は左足を小さくつき、右足を踏みこんで右半身、一文字腰となって入身にその太刀を躱し、抑えるのである。

初太刀に対して、体を引いて後ろへ跳びさがれば、かろうじて頭部は躱せるものの空中で左足を斬られる。

祖父は跳ばずに飛ぶことができたが、体を引きおわったあとの左脚の引き寄せが不充分であったため、そこを咎められたのだった。

一本目「手賺」

私が子供のころは太っていて尻が重いとよく言われた。運動はきらいなくらいだから、こういう稽古は大の苦手であった。ただ前に出るだけでもそこに速さを要求されると容易なことではなかった。それが、後ろへ飛びさがった瞬間、前に踏みこむなどという動物まがいの動きは不可能といってよかった。しかも、祖父は大きく後ろへ飛べと言う。後ろへ跳んだ私は、慣性の力に逆らってようやく踏みとどまり、そののち、どっこいしょという感じでやっと前へ足を踏みだすのだった。やさしい受は、その間待っていてくれた。どっこいしょに合わせて太刀を出してくれたのである。

そんな動き、稽古では大人になったとしてもできないことにかわりはない。「飛燕のような早業」と言われる小太刀が生まれるわけがない。こちらがいくらか動けるようになったときは、受の太刀は本来の速さを発揮するのだ。太刀の速さに人間が追いつくわけもないし、ましてや追い越せるものではない。私は、自分の運動能力から到底「飛燕のような早業」などというものは手にいれることはできないものと、はなから諦めていた。

だが、諦めてはいたが、型そのものを諦めたわけではない。いにしえの名人、達人たちの学んだ、いや祖父や曾祖父が学んだままの型が、いま自分が尻が重いと言われているこの型々なのだから。できない自分はだめかもしれないが、型がだめなのではない。それどころか型は、人が剣の速さを凌駕する方法論を教えている。この私の学んでいるのがその型なのだ。そんな思いが型を捨てることを許さなかった。

飛んで跳ばず

祖父は、この初太刀を躱すとき、「大きくとべ」と言ったことはさきほど述べたとおり。我々の身体は、これを「跳べ」と聞く。実際、あたかもヒラリと後ろへ跳びさがったように見えるこの動きは、実はまったくと言っていいほど跳んでいない。「とびさがる」という運動の概念が異なっているのだ。我々のとび方ではないとび方で、「飛びさがる」のである。だから、受の太刀にも間に合うし、後ろへさがったその瞬間は前へ出る瞬間とかさなる。尻の重い私は、後ろへ跳んでから再度まえへ出るという二つの運動を連続させようと努力した。これでは、いくら俊敏な人間でもその速さの限界は目前である。いくら速くしたところで、二つの運動は永久にひとつにはならない。ここでは、まさにひとつの運動を求めなければならないのだ。

ここで使われる術技は無足の法、浮身であると言ってしまえば簡単にすむ。たしかに、基本でそう言われてきたはずだ。そして、いま型を稽古しているのだ。だが、それがひとつも実際の稽古に反映していない。無足の法とはなんなのだということを絶えず意識していなければ、型の順序に動いているだけで内容はまったく別のことをやっているにすぎない。

床を蹴るな、というのが無足の法である。倒れるのだ、というのが無足の法の根本原理である。たったそれだけだ。だが、たったそれだけのことをすべての動きに用いることは至難の業である。そうとわかればこその稽古なのだ。

私は、それまではただ型の順序どおりに動いてきたにすぎない。大きくなり、痩せ型の身体となっても足腰の重さ、動きの鈍重さは絶えず意識から拭うことはできなかった。

それが型というものを少しずつ理解し、理解できるようになるにしたがい、動きの質というものが変化をしはじめた。その変化は、つねに稽古とともにあった。それは、限りがない。その意味で、それをこそ「技」と呼ぶべきものだ。

技を追究するということは、心身のかぎりない動きを追究することだ。そんな限りのない世界にあそぶことだ。つらい技の追究、苦しい技の追究などというものは、私にとっては嘘だ。

この第一動作で、跳んだように眼に映るのは、身体そのものが後方へ跳んだかのように移動するからだ。あるいは「前倒れの後方移動」に際して最後の補助としての引き下がりの足を見ているからである。これも広義の直線運動なのだ。跳べば弧を描き、曲線運動となる。どちらが効率的な移動かは論を俟たない。ここにおいてもまた基礎理論の再確認をすることとなった。等速度運動、直線運動、無足の法、浮身、半身、沈身、そして最大最小理論である。これら以外の動きの要素は、型には存在してはならない。

陰剣からの変化

小太刀にはいると、受は剣道でいう左右の水平の切り返しを多用する。ただし、剣道のと大きく異なるところは、半身から半身すなわち最大最小理論にしたがうため、体の前面で太刀を大きく左右に振り分けない。その観点からは、剣道の左右の切り返しとはまったく別の身体運動と言える。

改心流における左右の太刀筋の変化は、その半分の動きでそれを達成する。身体そのものを基準にするからこそ、その半分で最大の太刀の変化が得られるのだ。そして、そのぶん速い。小太刀という段階の身体の操法であるからこそ、速い小太刀に充分対抗しうるだけの速さを生み出すことができる。したがって、取である小太刀の伎倆が劣っていれば、太刀のほうが速くて見えないことになる。その太刀をして、「飛燕」のような早業だと言わしめなければならないところに、小太刀のおもしろさ、難しさがあると言ってよい。

受は斬られ役である。日々ただ負けるだけのつまらぬ稽古をだれが好んでするものか。その負け役こそは、取よりも腕が上だ。どうして上なのだ。ふつうなら、そんな疑問がわくのはごく当たり前だ。だが、そんな疑問が疑問としてわかないほどの理論的攻防論があるからこそ、型という稽古体系がゆるぎのないものとして存在しているのである。

小太刀の二本目では、陰剣の構えから受の見えない左右の頸斬りを躱さなければならない。そのためには、受の攻めを待って受けるのではなく、受に打たしめるのだ。受に苦しまぎれの打ちを出させるように充分の体の変化を尽くすのである。受の攻撃をよどませるということが術技である。これは、太刀、実手からひきつづく。

陰剣の構えから右ひと足を踏みこみ、左前へ小太刀を立てて受の太刀を受け流すとき、左手を小太刀の嶺に添える。

このとき、右肩を消し、左手の動きを同時に消すことがひとつ。そして、その前に受の太刀を我が首筋に限定させて打ち込ませるようにしなければならない。この問題は不断に稽古をしていかなければならない。

二歩間合いを詰めより、受がいましも八相の構えから太刀を変化させようとするとき、取はふっと力みを抜くようにしてやや体を静めながら受の攻撃目標である頸、肩などの上半身を消す。消しながらより安全な間、受のふところ近くへ身を寄せるのである。

だが、受も小太刀の間の速さを持つ人間である。斬撃目標が動揺する場所へ、すでに無用な太刀を強引には打ち込まない。できるだけ態勢の崩れを僅少にたもち、即座に体を引いて適正な間での斬撃を試みようとする。それがふた太刀目の変化である。

二本目「横合」

稽古の段階によっては、このふた太刀の連続はまったくひと太刀の速さで処理される。受は右ひと足を出したときは、すでにふた太刀目の変化の体の変化になっている。この稽古をどこまでも速くしていく。左右に振り分けているようになど見えないほどの速さを追究するのだ。受が徹底して、この即物的とも言えるほどの単純なる高速度を振るってくると、取にはすぐに動きの限界があらわれる。

しかし、そういう速さをも制覇していくのだ。そこに稽古の段階的上昇、次元の変化、身体の変化があらわれてくる。それが、型稽古における術技的獲得目標である。

動きを消す

だいぶ以前に、北京におられるという、ある中国拳法の師範の動きについての話を聞いたことがある。その動きは、一緒にやろう、見て取ろうとして見ているとまったく見えず、しかもゆっくりなのについていけないほど速いというのだ。

「そんな動きをする方がこの世におられたのか」

そして、それは現実の技なのだ、いまそういう動きをする人間がいるのだと思うとうれしかった。だが、ゆっくりやっても速いとはどういうことなのか。もしかしたら、と思うだけで知らない世界が身近に感ぜられた。私は、小太刀をとった。

小太刀の二本目の型をできるだけ柔らかく、静かに、そしてしっかりと型の通り道どおりに動いてみた。ゆっくり動いても速いというのなら、楷書の稽古から、行、草の体の動きへと移行すればよいのではないか。

そう思い、ひとまず角をとってまるく連続的に動いてみた。すると、いままで受をとっていた弟子たちがとたんにとれなくなった。こちらは静かにやわらかく動いているだけなのに、攻撃の太刀筋を合わせられない。打ちを出すどころか、相手は手も足もでず、太刀を振りかぶったまま引き下がるばかりで型を最後まで使えなかった。その反対に、こちらの動きは前にもまして限りなく楽になった。この時、全部消えているという言葉が聞かれた。

これは、型だからこそその結果の明瞭性である。ここに、いきなり腕があがったかのような錯覚をおこす。いや、型においては現に腕があがった。それは、たしかに喜ぶべきことだ。型の上達とはこういうことだったのだ。だから、いかに動きが消えようとゆっくり動いても速かろうと、まだまだこのような中途の段階で、実戦にいくばくかの実効を期待することはあやまりだ。それこそ生兵法というものだ。

「修行を積み、腕に自信ができても自分から積極的にしかける場合はほとんどないものだ。まず相手から仕掛けられ、剣刃を受け流し、受けに応え、受け躱す等、自分の身を護るために手腕を発揮する程度にとどめることが技である」とは、祖父泰治の教えである。

型において求められる強さというものは、即物的なものではない。それは、武術的身体を礎として昇る

二本目「横合」

小太刀は正中線上を縫うようにして縦に大きく変化しなければならない

ことのできる、術理の世界の遙かなる高みにおける真の強さなのだ。型は、力では行くことのできぬ武術の世界をあゆむために必須の武術的身体を養うための栄養素なのだ。

取の小太刀のふた動作めは、嶺に添えた左手で小太刀をささえ、額の上へ捧げあげる。その瞬間に右手を順に持ち替えるのである。これを左足をふみだす間に行なう。

この手の操作が、不器用な私にはとても難渋した。体がまわり、尻もまわる。左、右と体をゆらしながらの受けだ。よくそこで右手の返しが間に合わなかったり、小太刀を取り落としたりした。最初のひと太刀しか受けられなかった。

これは、速く動こうとして、動きが小さくなったための失敗である。小太刀は、正中線上を縫うようにして縦に大きく変化をしなければならない。左右の横方向ではない。横の動きで小さく早くすれば、必ず動きに破綻をきたす。その時々で受かるか受からぬかの確率的な稽古になってしまう。無駄な動きで、小さい。小さいのに遅い稽古ができあがる。それでもがむしゃらに稽古をつめばひとつの形ができあがる。小ささゆえに一見速いが、要所要所が見える。もっとも大事なところが、はっきりと見て取れる。これは、真の型ではない。似て非なるうその動きだ。このような稽古は、ゆっくり動けば遅くなる。それでは武術としては、つかいものにならない。

もし、このような稽古を許したとすれば、それはまったくの軽業的な内容しか持たない華法稽古におちいる。やはり、理論どおりに正しく受けるべくして受けなければ稽古にならない。

この左右の変化は、実際の眼には小太刀が前へ前へと水平方向の変化をしているようにしか見えない。私も水平方向の連続動作だと見あやまっていた。だが、いま述べたように、この変化は上下なのだ。上下に捌くからこそ、太刀を受け流すに足るだけの大きな運動量と異方向性を備えることができるのだ。そうなって初めて見て取れないほどの術技的速さもそなわってくる。すくなくとも技と呼べるほどのものは、きちんとした指導を受けても、けっして眼では見て取ることなどできないものである。

師伝、直伝の大切さがここにある。見えない部分、成分こそが技なのだ。見える部分、見えたと思っている部分を稽古の手掛かりにすることほど大きな過ちはない。

受がふた太刀の攻撃のあいだに、取に次第に間を詰められ、苦しまぎれに最後の真っ向を打つ時、取は受のふところにいる。

取は、小太刀を左の肩にあてて、受の斬撃を受け流し、前下方へ体を崩した受に留めの小太刀を打ちこむのである。

小太刀を左の肩にのせる時は、胸をまるくへこませるようにして、その体捌きによって小太刀を変化させる。けっして、右手で小太刀を操作してはならない。左の肘頭は受の正中線上をとって抑える。受の中心線を割って入るように左肘を浮かすのである。

したがって、胸が働きの中心となるため両肩、すなわち左右の肩鎖関節は落ちるようにして腕が上がる。

ために頭の防御が早い時点ではじまる。これを、手で小太刀を操作していると、頭あるいは肩の防御がおくれ、斬撃をこうむることとなる。その差は、命をわけるほど大きいものだ。

閉じた胸は、開かなければならない。受け流すと同時に体をいれかえ、右半身、一文字腰をとるとき、小太刀を受の真っ向へ振りおろす（型では、受を追わずにただ正中線上を斬るのみである）。この胸の開閉ひとつで受け流しからの打ちこみが完結しなければならない。当然、振りおろしの太刀筋において右肩は円運動の支点にならない。なってはならないのだ。足をふんばる人のおおくは、上体と下体とが分かれ、力の技となる。

ここでは胸の開閉運動がこの斬撃を形作っているのである。肩が支点にはなりえない。胸を開いたときは、すでに小太刀は斬り終わりに位置する。一般的な腕の振りおろしとは、大きく異なるものである。ここでもまた右肩、右胸のおろしが消える。

肱車（砂巻）

祖父が子供のじぶん、相撲の巡業がきた。相撲取りが町の若い者をころころと土俵下へ投げつけているのをみて、祖父は利かん気をおこした。子供だてらに土俵へ上がった。

「はっけよ～い……」という行司の声に、

両拳をしっかと土俵につけた祖父の指の股には、塩まじりの砂がめりこんだ。

「のこったっ」

立ち上がる一瞬、帯を取りにいく祖父の手から砂がほとばしった。わざと眼つぶしをくれたようには見えないほど自然な立会いであった。眼つぶしに攪乱された力士の腰にさっとくらいついたと思った瞬間、力士は土俵下に転落していた。

砂巻、眼つぶしあるいは手裏剣などを駆使して間を詰め寄るというのは、常套手段である。

取は、不動剣の構えからこの眼つぶしを受に向かって投げつけ、間を詰め寄る。

機を見て、受は真っ向を打つ。

取は、左足前の体構えのままひと足すり込み、小太刀で下からまるくすくい上げるようにして頭上に受ける。この受けは、実手の一本目の項で述べたように柔らかく下へ沈むようにまるく受け流しに受ける。けっして突き出すように遣ってはならない。

ついで、右足を左足に寄せながら受の太刀を前方へ押し返し、右小手を打つ。

右足の寄せと同時の撥ね返しは、撥ねと斬りとがひとつにならなければならない。ふつうは、押し返してから打ちこむ動作の二連続の動きとなる。これは、初めから否定されるべきものだ。それを無視した稽古の反復は、駄目な動きがさらに固定化するばかりである。撥ね返しと斬り、すなわち一般的な押しと打

四本目「砂巻」

ちとが、ひとつの運動へと転換しなければならない。したがって、これも、できれば極意である。

　しかもこの技の極意たるゆえんは、じつは真っ向の受けと、この撥ね返し、斬りこむ動作とが初めから一つであるというところにある。丁寧に真っ向を受け、しかるのちこの小手斬りの撥ねを学ぶのでさえ体がいうことを聞いてくれない。すなわち小太刀を真っ直ぐに前へ伸ばしているつもりでも、いやたしかに右腕そのものは直線に突き出しているのだが、右足の寄せによって腰、体がまわるため小太刀も弧を描いてしまう。これが、なかなか矯正できない。

　体を直線の動きで捌くということは、全身の深いところの筋肉をまんべんなく働かすということである。右腕や右足を直線的に動かせばだれでもできるという単純なものではない。いかにも、そんな極意などありはしない。だから、手だけ足だけを矯正するのはまったく無意味である。いや、むしろ有害ですらある。その動きは身体からおこったものではないため、ひじょうに矛盾した運動性と方向性をもつ。枝葉末葉の稽古をしても本体そのものの働きは生まれてはこない。手足は身体につきしたがうもので、身体が働いてこそ、はじめて手足の動きにのって身体も充分に働くものである。

　受の真っ向への斬撃を受け流して、その右小手を打ちこむというが、相手も真っ向、こちらも直線に右腕を前方にのばしていく。衝突が起こるではないか、まして鍔をつけずに稽古をしている者にとって危険ではないか、という不安は当然おこる。

だから、先に述べたような楷書的な段階があるのだ。小太刀が弧を描けば打ち太刀は流れず取の指を襲うのは当然のことながら、たとえ直線に捌けても、いわゆる手の内と称して少しでも小太刀の柄を握れば、受の太刀は脇へ流れずにそのまま取の親指を直撃する。しかし、ここに抜いて操作するという基本技術を身につけると、抜けば抜くほど速さと撥ね返しとがあいまって、受即斬のひと太刀となるのである。これは力を絶対的に否定された世界の技なのだ。やわらばかりでなく、いや柔のやわらかさによって剣術が引き上げられるというのは、こういう場面でこそ強く実感されるものである。終始、力の抜き較べこそが稽古の主体となるといってよい。

静かに正しく小太刀をだすことによって、受の太刀は軽く脇へ撥ね、それる。

その上さらに、りきみを抜くのである。点の間を追究するのだ。受け応じ、斬り返す技といいながら、その実体は線の凝縮した点の動きなのである。

点の間に到達できるような稽古の積み重ねをしたいものだ。

そして、その点すらも消してしまいたい。

剣術編

第十章
薙刀

祖父の薙刀／家伝の薙刀／素振り／薙刀操法／陰之薙／薙刀も速いもの／飛違、そして勝色

祖父の薙刀

祖父が子供のころ、薙刀はどうも女みたいでいやだと言って、曾祖父に叱られたという。

昔、私の眼の前で祖父が舞った。何気なくひとりで表の薙刀の型五、六本のおさらいをしたのだが、それは舞ったとしかいいようがない。あれよあれよという間のできごとだった。その端然たる美しさ、流れるような滑らかさに、私は強く心を引かれた。女の稽古どころか、こんなきれいな稽古ならぜひにでも教えてもらいたいと思った。太刀の美しさを見、小太刀の美しさを見、そしてこの時、薙刀の動きの美しさを初めて見たのだった。

かくのごとく、祖父が動けば何をやっても丹精した動きしか表さない。しかもその動きは、とにかく美しいとしか言いようがないものだった。武術の動きとは、かくも典雅荘重なるものであったのか。

その具体的な動きの特徴はどうだと問われれば、なにもないとしか答えられない。眼に見えるような特徴などなにもない。無色無臭、透明なのだ。ただただ正しく美しく優雅に確固として型のとおりに動いたという印象しか脳裏に残らない。それこそが流儀を得たものの特徴ではないか。そんなふうになりたいとひたすら念じるしかない。

強くなることを願っても、術技を高めたいと願っても型を学べばひとつのものにしか到達しない。それを、美しさと表現してもけっして間違いではないだろう。美しくなりたい、美しく動きたいと願うほうが、稽古がより丁寧に、そして緻密になる。

剣が緻密になるということは、たんに小手先が技巧的になることではない。身体そのものがはてしなく武術的身体に近づくことである。剛毅殺伐とした剣は基本として閉じ込められ、強さを内に秘める。

家伝の薙刀

元来、薙刀とは男子があつかう武器である。全長七尺（約二・一メートル）が正規であるが、ふだんの稽古用に、それこそ婦女子用の六尺程度のものを使うことが多い。

持ち手は、終始両手の親指が向かい合うようにする。これは、同じ長尺物でも槍のように突きが主体の武器と異なり、円転操作による薙ぎ払う斬りが主体のためである。

当家には、祖父が自分の道場を開いたとき、曾祖父から送られた稽古用の木製のものがある。これは、本物を模したもので目方がだいたい本物と同じように作られているとのこと。

筋力に頼って刀を振りまわしていたころの私には、とても両腕の力では打ったり叩いたりなどできそうにもないと思われた代物である。そのような扱い方では小太刀や実手の速さを基準にした感覚からは、おそろしく鈍重なる武器としか感じられなかった。しかし、そこでそんな即物的な体力を否定することにより、あの祖父のような速い薙刀が生まれるのだ。そのための逆手なのだと知ることができた。太刀を持つように順に持ってしまうと、ふところへ入られればおしまいだ。逆手に持ってなおかつ相手をして懐へ近寄らしめない術技を学ぶのが薙刀術である。長いものを短くあつかい、さらに長さを生かして長くあつかい、相手をして間合いに入らせないようにする術技を、体捌きそのものを、学ぶのである。

長いものをより長く扱うためには、短く、極小に扱う術技を学ばなければならない。けだし、最大最小理論は、術技の根底である。

素振り

薙刀を腰に構えて、その腰構えを崩さぬように丁寧に腰を落とす。

この構えから体を左右に入れかえて、順あるいは逆の円転素振りを行なう。とくに逆、すなわち下からの斬りあげ動作に薙刀特有の操作の難しさがある。手首の固さ、力みは技の進展を大きく阻害する。輪の太刀、廻剣素振りで三年の洗礼を受けぬ現代の修行者たちは、そのことを骨の髄から理解することは不可能であろう。絶えず真摯な稽古を心掛けるしかあるまい。

腰を落として、ただ当たりまえに振りまわしたのでは、このような長尺の武器は床に、天井に、そして壁にあたる。まず当たらぬようにするのが技であり、理論である。それが基本であり、極意である。

ここで素振りと称する稽古は、型のなかでそのまま使われる。太刀の素振りが型においてはそのまま使われなかったのと大きく相違する。

順、逆ともに半身の腰構えから足を入れ替えて、薙刀を操作する。腰は、小武器の実手、小太刀と同様に低い位置を保たねばならない。これは、速く動くための重要素であると再三述べてきたとおりである。高い腰構えは、とくに初心者にはなんら稽古に資するところがないばかりか、悪癖となる。

〔順の素振り――左構え〕

後ろの右足を左足に寄せるとき、左手を石突きへずらせながら左の腰にひきつけ、薙刀を引き立てて胸にいだく。

左足を後ろへ引いて体を入れ替えながら、右手をやや手元へ滑らせながら薙刀を振り下ろす。一文字腰。入れ替わる時、腰がまわるのと後ろへ引けやすいので注意を要する。

薙刀を振り下ろすときは、刃筋を通すようにする。左右の手はたえず移動、変化を繰り返す。

斬り終わったら、右手を後ろ腰に引き寄せ、左手を持ち替えながら、下から上へ円を描いて石突き前の、元の構えに復す。左右を同様に行なう。

順の素振り

〔逆の素振り――左〕

右足を寄せるとき、左手を手元側に滑らせながら薙刀を額に引きつけ、右手を右胸に引きあげる。薙刀を上方へ滑らせるのは、引き上げたとき、薙刀の刃が床につかないようにするためである。

左足を後ろへ引くとき、左手を石突きの方へ、右手も同方向へと順送りに滑らせて薙刀を前方へ送るようにして真下から斬りあげる。

この操作により、上下に小さく（天井、床にあたらず）、前後に大きく懐の深い変化が生まれる。

このような長い武器の操作に腕力、体力を持ちこむと操作に破綻をきたし、速い間の稽古が奪われる。体が働かずに手足が動くというのは、武術としてはもっとも忌むべき稽古である。

斬り上げ終わったら、右手を順にして下から持ち替え、大きく上から弧を描くようにして後ろの左腰へ引き取りながら、左手を放して持ち替え、初めの構えに復す。

この薙刀の手の操作を初めて見たときは、両手がするすると滑っているだけで、私にはなにをやっているのかまったくわからなかった。ただ、その滑らかさだけが妙に印象深かったのを覚えている。これが剣術における武器の操作かと思い知らされた。

やってみると見事に（！）できない。不器用に手をたどたどしく滑らせているから、斬れるほどの速度も生まれない。いやいや、斬るきれないなどという生意気な次元ではない。手の操作がまる見えだ。そのままで速さを補おうとして、力が復活する。力で薙刀を前へ振りだそうとすれば、真下からの刃筋はおおきく狂う。

当初は、床に当たらぬようにするとどうしても威力がでない。手先で操作してしまいがちだ。体の変化のみで薙刀を操作しなければならないのだが、その体が働かぬうちは体が邪魔をするばかりだ。できうることなら、薙刀が垂直面で回転したいのだが、体が働かぬため左右の幅が生まれ、斜めに上がっていくのを直すことができない。それを手で矯正すればまたもや刃筋が立たない。斜めの刃筋を斜めの刃筋としてとおせば通るが、それでは相手に太刀打ちできない。我が身体をまもる正中線であり攻撃の中心線がなくなってしまう。薙刀も剣の世界の武術なのだということを守れば、正しく上下左右に刃筋を通すということは最低の必須条件であり、斜の刃筋はその上に加わるものである。

薙刀操法

薙刀は、頭から足、左右の胴など上から下まであらゆる方向性の攻めをもっているが、それは太刀も同じであるので驚くに値しない。

この薙刀の操法は、廻剣理論とまったく同じである。円転操作というが、操作そのものは直線運動である。薙刀を円転させるためにこそ、直線的操作を行わなければならないのである。前項では縦の変化につ

逆の素振り

いて述べたが、胴を払うような横の変化でも同じである。正面をがらあきにして横からふりまわすのではない。こんな長大なものを、それこそバットを振り回すように円転させていたら、命がいくつあっても足りない。だからさきほどの斜の刃筋も正中線をとおせぬうちは同類項なのだ。

最大最小理論がはたらいているからこそ、ことさらに低い腰構えにいて真下から長楕円運動を描いて薙刀が振りだされ、横に壁があっても差し障りなく前方へ振りだされるのである。体の変化に応じて、両手はたえず滑って変化をする。けっして一所を握るということはない。

薙刀術においては、この伸縮自在な薙刀の間合い、操法を学ぶのである。伸縮が自在であるということは、相手にとって、その都度の刃部の通り道のみが危険であるという見方をくつがえす。実際に伸縮する円の範囲はもちろん、刃部が術者の身近にあっても遠くにあっても危険域は変化しない。すべてが潜在的危険範囲であるということになる。その大きさは太刀の比ではない。それゆえ術者が刃部を身近に引き寄せたからといって、安易に近づくことは禁忌である。そんな間合いの長短、変化、虚実を弁えるための稽古なのだ。

だが、理論はひとつと言っても、いかに身体の動かぬことか。同一の理論を種々の型で検証することによって、ようやくその理解が深まる。頭で理解できたことなどほんとうに理解したことにはならないということが、型のおかげでそれこそよく理解できる。身体のはたらきが少しずつふえることによって、頭での理解というものが身体をとおした理解におきかわっていく。

理解が深まれば、身体も変わり、考え方もかわる。ほんとうのことを知る悦び、愉しみというものを、まさに本当に知ることができるのだ。

かように、小太刀から薙刀に上がると、また次元が変わる。

陰之薙

これは、素振りの操法が主体となった型である。陰陽あり、左右の変化を学ぶものだ。相手を間合いに呼びこみ、斬らせて、その両腕を下から斬りあげるのである。

取は左半身、石突きを前にして正眼に構える。受は、左上段の構え。

これより間合いをつめ、取は薙刀を右体側に立て、左前腕と真っ向に隙をあたえる。

受が真っ向へ斬りこむのを、取はとっさに体をいれかえて下から受の両腕、咽喉部を斬りあげるのである。

祖父の『剣術教書』では、概略このような説明になっている。やさしくしたつもりだろうが、技の真意がつたわらない。

間合いをつめよると同時に、構えた右手首を右腰につけたまま、左手首をやわらかく左まわりに円を描き、受の眼見当をかすめるようにして我が右下方へ石突きを流す。

この動作の説明が省略されている。

祖父の場合は、もうここから流れながれて見えなくなる。それでいてきちんと止まるべきところは止まっている。とまっていても居つかず淀みがないため、流れている。浮いている。両足はひたと床についているのに、体重がない。静止しているのに、眼が追いついたときは、もう次の動きへと流れている。ただ動きの跡を追いかけるのみだ。居つかぬということは、止まっても動いており、動きながらすべてが静止しているということだ。

この「誘い」のときの左腕、左手首の柔らかさはどうだ。つけいる隙などないではないか。止まったところを狙って打ちこもうなどという姑息な手段は、まったく通用しない。止まってなどいないのに、止まったと錯覚して打ち込もうとするのは愚かなことだ。それこそ向こうの術中にはまったことになる。

またもし、そんな動きを見取れたとしても同時に我が身体は働かぬ。止まっても働いている身体が、斬る態勢のままこちらの攻撃を待っているではないか。こちらが動けば斬られるのだ。こういう段階の人間を相手に、こういう次元の武術を学ぶことができるのも、型という理論を通すからこそである。

かくのごとき身体運動は、まさに相手に隙を与えたのではなく、「誘いをかけた」のである。稽古ゆえ、与えそこなえばあやうい場面も生まれてくる。そのあやうさを少しずつ克服していくのが稽古である。型という理論を学ぶとき、そこに求められるのは技の完璧性のみである。

この第一動作は、左手の運用であるため右利きの私などはどうしてもぎごちなく、誘うどころか、それこそいい隙を与えてしまうことになった。左腕を動かせば、それにつれて体も動揺し、隙を生む。ようするにひとつ動いただけで、ぼろぼろと隙が現れてしまうのだ。では右はいいかと、陽之薙をやってみた。これまただめと知った。これではまったく稽古にならぬ。それが、なるのが型なのだ。

受は、見てくれ、待っていてもくれる。といってもそれはよくよくのことだ。受に稽古を願いでるということは、試合と同じことである。私がこどもの頃は、「ゆっくりお願いします」とことわって礼をしたものである。だまって向かえば、速いのが当たり前。その速い受には到底太刀打ちできない。少しずつ少しずつ悪いところ、動かぬところを自身で矯正した上で、上位者に稽古をお願いし、さらに歪みを手直ししてもらうのだ。

自身で矯正するのは、容易なことではないが、それが可能なのは型という理論があるからである。思いつくまま気儘に薙刀を振り込んでみても、生まれるのはそこで養成された筋力に見合った即物的な速さ、体力でしかない。身体が理論的に動かぬうちは、工夫などいらない。それは工夫ではなく、我である。必要なのは、その難しさを難しさとして受け入れることのできる柔軟な素直さである。まぐれ勝ちを忌避し、排斥することのできる術への探究心である。

薙刀も速いもの

『剣術教書』のなかで、この薙刀に関する説明に、私はもっとも固い感じを受けた。

「稽古中、腰の固めを崩したり、軽い姿勢では術技を運用するのにもその効果が少ないから、十分に腰を固めることに注意せねばなりません。」

「急激な動作の前後は我が体が前後左右に動揺しないようにしなければ、咄嗟の場合に敏速な変化に差し支えを生ずるものです。」

「この動作は身軽く、そして素早く行なうように平常から練習しておかねばなりません」

「なお、柄を持った両手はけっしてこれを体の側から離さないで十分に伸ばし縮められるだけの余力を置かねばなりません。その他腰部、肩部、胸部に確固の位置を保って次の動作への掛かりを安全にして置かねばならぬ等の特別の注意がいるのであります。」

このような文章からは、とてもあの祖父の融通無碍な動きを思い浮かべることなどできない。言葉ではなにも伝えられないというい見本だ。私が力を抜けということをいくら強調しても足りないと思うのは、いくら言葉で言ってみてもそのようにならないからだ。だが、ならないが意識の改革はできる。それにより身体運動の方向づけも可能となる。固い稽古ぶりよりは、ずっとよい。だが、それだけではなんら有効な方法を伝えられない。

そこに正中線やら無足の法やら、眼に見えない世界の言葉が型とともに有効な方法として存在している。「身軽く」なるための理論が大事なのだ。「確固とした腰構え」を創り上げるためにこそ、明確な理論が必要なのである。

はたして、祖父の口からは、柔術とは眼にみえぬほど速いものだという言葉と同様に、

「薙刀も速いものだ」

という言葉が聞かれた。

祖父のいった速い薙刀というものは、とくに奥薙刀で顕著となる。腰構えの上昇なくしては、この速さは得られない。一般的には、腕力で間にあう程度の速さは出せるかも知れないが、一度そうなるともうその力を否定した技を獲得するのはなかなかに難しくなる。だから初めの一歩をあやまたぬように、とにかく力を抜く、力を否定するということから稽古を始めなければならない。

飛違、そして勝色

表の薙刀は、四本目まではほとんど基本操法といえる。長い武器を、長楕円を描くように扱うための技術的特徴をよく表しているものといってよい。

このさき、五本目にはいってようやく太刀対薙刀らしい攻防が出てくる。

（一）飛違

受は中段の構え。取は、左半身の刃先の正眼。

双方、間を詰め寄り、受の太刀の裏（取から見て刃の左側）へ、太刀にそって下から柔らかく刀身を乗り越えて、付ける。左手首のまろやかな上下動をつかう。

取は、受が変化を起こす前に、太刀を右前へ撥ね返すと同時に刃を返し、体を前にやや伏せこむようにして受の右足を狙い、ひと足ひいて脚部をなぎ払う。

受は、足を引き上げ、大きく飛びさがって躱し、ついで足を踏みこみ取の真っ向へ斬り込む。

取は、その受の斬撃を左ひと足でて入身に躱し、胴を払い斬りにする。このとき、右足を九十度体の後方へ引き、右膝を着く。

受の太刀を押し返す時、瞬時にはじき返すようにするのである。しかも、刃を左方へ返しながら、つまり次の足斬りに備えて刃を相手の方へ向けながら、太刀を撥ねるのである。それゆえ、ふつうはどうしても太刀の嶺を滑るような形となり、とても撥ね返せるだけの薙刀捌きにはならない。当初は、ただ押し返すだけでも鈍重なことかぎりない。まず、この操作でつっかえる。

これは手捌きでありながら、体捌きによってしか生まれない技であると認識しなければ、埒があかない。薙刀の刃は内を向いている。そのまま左足を一歩引くと同時に受の前脚を後方より払い斬りにする。その前、受は薙刀が自分の左方へ走った瞬間、危険を察知している。下から上へ返るかそのまま脚を薙いでくるかと。

受が取の正面に斬り込むとあるが、じつはこれも受をして斬り込ませる状況を取が作っているのだ。足を薙いだとき、同時に石突きが働く。それは、受の次の攻撃を防ぎ、さらに引き込み崩すことになる。そのような形態的状況を生みだす修錬が、型稽古である。ひとつひとつ動作から動作へ、正しい形に体をはめこむことができたとき、技が生まれるのである。

（二）勝色

これぞ薙刀と言わんばかりの特徴を、もっともよく表している型である。表の型の掉尾を飾るにまこと

にふさわしい。

こういう型を学ぶからこそ、流れながれて居つかぬ動きが生まれるのだ。

間を詰め寄ると、受の攻撃せんとする気配、さらに間合いを詰めんとする気配など、眼に見えぬ種々の複合的な状況が発生する。それらを、取は先に抑えるようにして動くのである。


受は上段の構え。取は、石突き前の正眼の構え。

双方、間をつめよる。

取は、体の正面で薙刀を捌き、体を入れ替え下からすくい上げるように長楕円形を描いて受を下から脅かす。両手の滑りはもちろんのこと、それらを胸の操作によって行なう複雑な動作である。

受は、構えを正眼におろしながら少しさがって間をきる。その時、薙刀は取の左体側に立ち、正面があく。受はそれと見て、間を詰め寄ろうとする。そこに取の薙刀が上からその小手を牽制する。

受は、体を開いて右ひと足を引いて上段に構えなおし、その刃先を躱す。

取は、またしても誘いの構えに正面をあける。そこを受は、正眼に太刀をおろしつつ間を詰めようとする。そこへまた薙刀が第一動作同様に下から小手を脅かすのである。

これはいつまでやってもきりがない。

糸金の大事ということがある。まさに相手の心を自分の心に写し取るがごとく、緩急前進後退、変転万化、自分ではなく相手の動きそのものに縦横に応対するのである。いままでの剣術の型では、受は斬られ役で最後は斬られて終わったが、これは取が受を斬るのではなく、いつまでも受を間に入れさせず、斬られずに終始するのである。

ここに至って、取はいつでも受を斬ることができるようになる。それはまた受の稽古にも言えることだ。かくのごとく受取双方の伎倆により攻防の上下関係は連環してきりがない。これが型の世界を昇るということだ。

剣術編

第十一章
両刀居合詰

二刀のこと／特徴／両刀の思い出／両刀とは／祖父の両刀／柄払／
三方／太刀色

二刀のこと

両刀居合詰という名称のとおり、これは二刀を捌くことを学ぶ型である。ただし、太刀のほうは腰に差したまま操作をする。

これは、なにを意味しているのだろう。小太刀のみを抜いて、太刀は腰に差したまま敵に向かうという状況が実際の戦闘の場で起こりうるだろうか。わざわざそんな態勢で敵に向かうものだろうか。狭い場所であつかう術技だ、と言われればたしかにそれも一理ある。しかし、その時の相手は太刀を振ってくるのだ。こちらも太刀で応ずることが可能ではないか。

型を実戦のひな型ととらえると、このように収拾がつかなくなり、その真意が失われる。型は、理論なのだ。両刀居合詰という段階の理論なのだ。まだ階段の途中、あるいは踊り場でしかない。ここからさらに極意の型がまだまだ先に待っている。

このあたりの稽古になると、いかにも型という世界の奥深さを感ずる。実戦的観点から云々などという論は、雲散霧消。ひたすら自身の身体が武術の術たる世界をどれだけ体現することが可能であるかという探究心のみとなる。いままで知らなかった動きを知り、それができるようになり、さらにその奥を知り、動きというものの不思議さ、おもしろさを知ると、それを学び育てることの悦びしかなくなる。

ただ、悦び、愉しさといってもそれはそれ、往時の武士たちの学んだ武術である。当然のことながら、剣という危険な刃物をあつかう世界であるという緊張感を否定することはできない。

いままでは、ひとつの武器を両手あるいは片手で操作することを学んできたが、同時に左右の両手で一つずつの武器を、それぞれに働かすのである。

それぞれに、である。その動きを身体の動きに確実に同調させながら、それぞれがまったく別個の働きを担うのである。さらに、同調しながらも意図的にずらしもしなければならない。

とはいえ、太刀一本にしても実際は左右それぞれが個別に、充分に働いてこそ一つの動きが生まれたのである。その観点からは、たしかに、剣の延長上の技法のひとつが両刀の型である、と見ることができる。

特徴

特徴は、……ない。

他流との型の形態的、運用的差異の比較から改心流における二刀の特徴とすることもできるだろう。だが、型は理論であるという認識にたてば、まったく同じであるとしか言いようがない。身体の運用理論は、変わらないのだ。ただ武器操作法の術技的延長として、太刀と小太刀を同時に扱うというだけのことだ。

小太刀の操作は、小太刀の型と同様に右手に持つ。順、逆の構えもおなじ。太刀は、帯刀のまま柄頭での当てを多用する。

重い太刀を、抜かずに体捌きのみによって操作するというのは合理的であろう。本当に太刀のおそろしさを知った人間の考えだしたものという気がする。しかも、その土台には小太刀の型がある。そこから敷衍する二刀となれば、もっともなことと首肯できる。

小太刀の型より上位の型である。それより上の段階の身体操作が要求されるものでなくてはならない。ごく標準的に太刀、実手、小太刀と上達してきた場合、いままでは受け流しからの攻撃が主であった。この両刀にいたって、受けと攻撃の間を詰める、あるいは同時になるように体を働かす。当然、小太刀の型に太刀が加わったものとは、その動き自体が異なってくる。そのように認識してかからなければ、術技の上昇はおぼつかない。

極意などと呼ばれるものは、単武器でこの受けがなくなり、あるいは受けるがそれが攻撃と同時になる。身体のはたらきが、ふたつの武器を操作して得られる間の速さを発揮しなければならないのである。そのような身体の働きを得て、はるか先に無手の技が生まれるのだ。それゆえの難しさであり、術技的な段階を無視しては、なかなかに行き着けないものだ。

小太刀の項で、砂巻の型のとき受け流しと押し返し、小手斬りがひとつのもの、点の間に技にならなければならないと述べたが、その稽古はこの両刀の型を学んだ者がようやくそのように使えるようになるものだ。しかし、まだ「そのように」でしかない。そうやって型が上昇するにしたがって、表裏、奥などに

両刀の型

小太刀は右手に持ち、太刀は、帯刀のまま柄頭での当てを多用する

かかわらず、型がすべて極意人の技として段階がなくなり、型でなくなるのである。

はじめから、太刀の上下の振りだけで、なにもせずとも勝てると言われても得心しがたい。超絶技巧を獲得したうえで、それを廃した技が極意なのだ。身体の働きのない者が、単純きわまりない動きを極意そのものとして、眼に見えない働きの充溢した技として発揮できるのはいつのことだろう。

そんなことを自ずと理解させてくれるものとして、登頂目前のオーバー・ハングのように、まさに越せたら越してみろ、動けたら動いてみろと言わんばかりに、ここに両刀の型が立ちはだかっているのである。

両刀の思い出

十年をひと昔とすれば、ふた昔以上も前のことだ。この両刀の型を、弟子を相手に稽古をしたが、どうもうまくいかなかった。

相手の太刀を受け、払うとき、相手の太刀が左手の親指に当たった。きちんと受け留めてから、払い、あるいは巻き落とせばよいのだが、私は速い稽古を心掛けていた。もちろん眼に見える速さしか知らなかった。また、双方に自覚のない力みがあった。そのため、速さのずれたところで衝突が起こったのだ。

もし、このような稽古で速さが増したとしても、それは結局、華法稽古でしかない。私自身、すくなくとも当時は、ほんとうのことをやっているつもりでいたが、実はまったくの運動稽古でしかなかった。

当時の柔術は、こんな態の剣術と同様でただ型の手順どおりに、固い稽古で動いていただけであった。「やわら」「軽く速く」などという言葉は知識としてだけ、頭にしまわれていた。そんな稽古も、柔術の見直しにより、ようやく変化を見せはじめた。柔術のおかげで、次第に奥太刀も本来の奥太刀としての間がよみがえってきた。すると、表の太刀もその奥太刀の間で動けるようになった。

だが、表の太刀の二本目のとき、左手の指先の腹を切ったことがあった。この時も自分勝手な速さで相手を追い越してしまったのだ。普通に相手の太刀を撥ねあげればなんでもないのを、ひとり早使いをしたため、相手の太刀と自分の太刀のあいだに掌の皮を挟み潰すような形で縦に割いたのだ。

型とは、そういうものだった。実際の立合ではないのだ。ただ速ければいいというものではない。自分勝手な速さは、技には結びつかない。それゆえ相手もこちらの速さを引き立ててくれるような上位の方でなければ、自分の稽古ができないのだ。わがままを許してもらえるのは、ずっと上の方が受に立ったときだけである。ああ、そうけえ（宗家）と言われるような私などが上へ昇るには、弟子を、それもだいじな稽古相手としての弟子をいっしょに育てていくしかなかったのだ。私は、ひとりで稽古をしていたころ、いい稽古相手が欲しいと思った。私と同じ伎倆の弟でもいれば、毎日相手をしてもらえたのにと思ったものだ。なにを焦っていたのか、ないものねだりのわがままであった。

両刀とは

居合詰という名称のとおり、居合構えの帯刀のまま相手を詰める型である。これができれば刀を振りまわすことなどいつでもできるといわんばかりだ。柔らかな武術的身体の養成こそが修行の眼目である。武器ではなく、身体そのものが相手に詰め寄るのだ。

いかにして。

古い先輩は、竹刀稽古のとき祖父は竹刀が来るのではなく、ふわふわ、するするといつの間にか体そのものが近づいていたと言っていた。そんな動きを竹刀の叩きあいで、どうやって体得するのだ。稽古しかないと言うのなら、伝家の宝刀である型の存在を知る私にとって、そんな無謀はない。無足の法を知らない身体が、いつその無足の法という理論を身につけられるのだ。浮身のできぬ身体が、いつ浮身の型を学ぶのだ。叩き合いの中で、浮身という居合術中の精髄を修錬する暇などどこにもない。

ここにこんな見事な理論が、体系があるではないか。祖父の動きは、徹底した型の修行によって培われたものである。もともとだめな動きしかできない人間が、それを元手に動いてみて、何が生まれるというのだ。だめな動きの大量生産でしかないではないか。

両刀居合詰における足遣いは、半身から半身への変化にひと足をつかう。すなわち、入れ替わりによる半身から半身への体の変化ではなく、ひと足出るのである。ひと足出ることによって、半身へと変化をするのだ。ただし、後ろ足を前足に寄せ、そしてそのまま前へと送るのである。後ろ足を前に寄せたとき、前にあった足を後ろへ引けば、いままでと同じ入れ替わりの体の変化である。

だが、前足をそのままにして後ろの足を前へ送りながら、同時に前にあった足も後ろを向くようにして一文字腰へと変化をするのだから、結果としては歩幅の違いだけで同じ体の変化ではないか、などという結果論的な見方、短絡的な見方をすると大きなあやまちを犯すことになる。

一般的には、頭では上位にある型だと理解していても、その難しさがどこにあるかが見えない。小太刀を終えた者が、両刀にはいると必ずおかす過ちの原因は、ここにある。動き自体は小太刀とまったく変わらない同じものなら、やらなくても済ませることができる。そのぶん太刀、小太刀だけに習熟したほうがよいだろう。

これは、どの段階でも起きる問題だ。上へのぼるということは、なかなか容易なことではない。まず、どこが異なるのか、そのことによる難しさとはどういうものなのかを知らなければ、見つけなければ稽古をする意味がない。

まずはじめに、この型は何を教えようとしているのか、ということを理解しなければならない。そのことにより、自分がどう動けばよいのかが判然としてくる。されば、動いた自分と型の要求する動きとの差異が明確な不満材料として眼前に現れる。

後ろ足を寄せ、そして前に送る。この動作を連続すれば、ひと足でた形となる。初めからひと足に出ないのは、相手の太刀を受け、間はそのままに体をにじり寄せるためである。そして、残りの半歩をいっきに前へ踏みこみ、払いあるいは巻き落としながら柄頭での突き当て、あるいは小太刀の斬撃を入れるのである。

これは、第一次的（楷書的）な稽古方法である。が、それだけに一点一画をもおろそかにせず、きちんと行わなければならない難しさがある。足を寄せるとき、いかにして体の左右へのずれを僅少に、そして消していくかということ。そして、体を寄せているにもかかわらず相手に当たりを感じさせずに、自身を相手の眼前から消すこと。これらは、半身から半身へと足をきちんと正しく入れ替わることができて、はじめて普通に一歩を出すことができるようになるということを教えているのだ。足を出すということ、引くということは、ひとえに体捌きにかかっているのである。

型の型たるゆえんは、真の体捌きを学ぶことにある。真に動くということがいかに大事であるかを知ることのできる人にしか道はない。

祖父の両刀

祖父から伝書をもらい、両刀を稽古した。絵も添えられてあるが、よくわからない。順序は、よい。そうではなく、動き方がわからないのだ。とくに六本目の第一、第二動作がうまく連続してくれない。様子を見にきた祖父に、聞いた。

……これでは、いくら極意書を見てもできるわけがないと思った。極意とは、日々の稽古でこそ培われるものだ。師の動きをじかに見、声を聴きして教えてもらって、はじめて身につくものだ。

ふわり、ひょいと動く祖父の身体は、晩年で肥えてはいたが重さがなかった。まさかそんなふうに動くとは、思いもよらなかった。

伝書あるいは型の注釈書などというものは、おおよそ読んだとおりに行なえば、誰がやっても大差のない形ができる。緩急、硬軟種々の型ができるであろう。この伝でいけば、はじめから極意の型を学んだほうがよいと誤解される。「読んだとおりに行えれば」「教えられたとおりに行えれば」という条件を軽々しく見あやまった結果である。そして、正しく動けたつもり、できたつもりでその型をつかってみて、さらに使えない役に立たないものと誤った判断をくだす。使えないのは自分自身である。役に立たないのは自身の身体である。

すでに述べてきたとおり、それらは技でもなんでもない。歳をとれば衰える、ただの運動である。ゆっくり動けば使いようのないものとなってしまう。理論のないわがままな動きは、その時たとえ衆に抜きんでた運動神経抜群のものであっても、技とは呼ばない。少なくとも振武舘においては、そのようなものを「技」あるいは「術技」とは認識しない。とくに型を評価する場合には、ゆっくり動いて速く、動かずにいて速い身体の状態を保つ武術的身体から生まれる動き以外は、技とはいわない。

型の稽古というものは、新しい型を渡されたとき、その型の難しさを知ることができなければ、さきの極意と同様にすぐに形骸化するものである。いま生きていた型が、手渡された瞬間、死ぬのだ。それを生き返らせる努力が各人の型稽古であり、手渡された者の使命である。

新しく手渡された型は、それだけ上位の型だということをわきまえて稽古をしなければならない。すでに小太刀まで終わり、薙刀も越えた者にとって、その伎倆で両刀をつかえばそれなりの両刀の型ができる。両刀のどこがより難しいのかを理解できなければ、そこでおしまいである。

両刀の身体は、薙刀の身体と同じ段階であってはならない。ならないと言われてもどうにもならないのが型である。だから、型という理論に執着して、それを乗り越えるしかない。型を難しくすることができるのは自分しかいない。

柄払

取は、小太刀を順に持ち、不動剣の構え。太刀は、居合構えとする。

受の真っ向斬りを左足一歩すりこんで頭上に挟み込むようにして受け流し、右足を踏みそろえ、右足を一歩でて体を右半身にかえ、留めを打つ。

概略、このような型である。

まず、第一動作の小太刀を太刀の柄に添えながら頭上へあげるとき、体の変化はどうしなければならないのだろう。

両胸を閉じるようにするのである。左肩を内側へ閉じるようにしてはじめて開かなくなる。右の変化によって、左肩が左へ押し出されて開き、体が捩じれてしまう。これを排除することだ。そのためには左肩、左胸そして右肩が前方へ直線に変化をしなければならない。もちろん、この動きとあいまって両肩鎖関節の沈みによる両腕の上がりが、早い時点での頭部の防御を可能とする。

そして、毎度のことながら、力みを抜いてやや体を沈めるようにして、ごく柔らかく円に受けいれるのである。こういう心身の働きが眼に見えて現れるようになって、はじめて受を制御することが可能となる。この時点で、受はすでに太刀を死なせぬように変化させてくる。小太刀の受よりさらに間が速いのが両刀である。実質的な速さ自体、すでに小太刀で見えぬほどの速さに到達していなければならない。速い動きに、さらに間を速く、つめる稽古を重ねるのである。

受けた太刀を、左へ払い落としながら右ひと足でて小太刀で真っ向を打つ時、当初の稽古としては、受けたままの態勢を保ちつつ右足をにじり寄せる。この受けた態勢、相手を浮き崩した態勢を保つことが大事である。大事だということは、とりもなおさずそのように人の身体は動かないということでもある。

右足を寄せるとき、どうしても相手の太刀に干渉してしまう。わずかでもそれを相手に察知されると、

両刀居合詰　二本目「柄払」

いやそうでなくとも相手は抜き胴、払い胴へと太刀を変化させようと狙っている。そこのところを、力みを抜いて我が身体を消してはいるのである。ただ抜いたのでは、下へつぶされてしまう。抜いて受け流し、さらに抜いて寄り、相手の変化を封じなければならない。正しく抜ければ、力んだ相手のほうが崩れる。

そしてまた、払い落とすとき、多くは左手で巻き込んでしまいがちである。この払いも、ただ払うのとはわけが違う。ただ払って技になるのなら苦労はいらない。物を払い落とすという日常の動作そのものを否定しなければ、ここで求められている「払い」は生まれない。直線に払い落とすのである。しかし、その直線を意図した動きがすでに巻き込みになってしまうことがほとんどだ。直線に払い落とすという動きは、たんに腕を直線に動かそうとする運動からは、とうてい生まれないことを知るべきである。

これらの運動を、眼に見えぬ小太刀以上の速さ、間で行えるように稽古を重ねるのである。それが両刀居合詰という型である。

とは言いじょう、なんども繰り返しになるが、眼に見えぬ速さという言葉にとらわれるとたんなる早遣いになってしまうことを思い起こそう。眼に見えぬ速さとは、ゆっくり動いても速いということだ。静かで正しい稽古を心がけるしかない。

三方

型の手順にひと動作がふえただけで、人の身体というものは自分ではもうままならなくなる。いままでさんざん稽古してきた型に、ひと手動作が加わっただけで調子がくずれる。調子がはずれ、歪みが生まれた瞬間、自分は斬られる。型で斬られてしまうのだ。かくのごとく型によって自分の生死、負傷を未然に知ることができる。

三方という型は、小太刀の砂巻に同類項である。すなわち、けっして同類ではない。

受の真っ向斬りを小太刀で受ける。このとき同時に太刀を下げる。

小太刀で太刀を撥ね返す。このとき太刀を胸に引きつける。

受の足斬りを、太刀の柄を小太刀に添えて受け、次いで真っ向への三太刀めを、両刀を交叉させて受ける。

そして、柄で受の太刀を撥ねのけ、受の真っ向を斬り留める。

何度も述べてきたように、以上の説明の語句については、その語句の一般的解釈による身体運動をすべて否定する。受けない、下げない、撥ね返さない、引きつけない等である。体に対する手足の一般的な筋

両刀居合詰　三本目「三方」

肉の働かせかたは、すべて否定されなければならないのである。

この両刀居合詰という型には、左手の太刀の捌きが頻繁に加わってくる。同調させることもむずかしい。さらに、それらの動きをひとつひとつ消していかなければならない。身体がひとつの動作を行なったとき、その手足体の動きを見定めることが不能な場合のみ、それを技と呼ぶのだ。伎倆の上達の目安のひとつに、この動きの消失がある。

左手、左腕の動きを同調させるというが、わがまま不埒放題に動かしたのでは、この消えにはつながらない。順体法ということが基本にあることを常に忘れてはならない。動かさない、ということが基本であったはずだ。そこから受け、突き、斬りなどの形へと変化をするのである。体の変化に応じて、最短の道を最小の距離だけ動かせばよいのだ。それだけのことがきちんとできれば、極意も見えてくる。動きを消すための必須の条件である。


受のひと太刀目を受けるとき、太刀は少しく下がる。

受の太刀を撥ね返すとき、太刀はふたたび胸に寄る。

受の足斬りに対して太刀の柄を小太刀に添えるため、下へおろす。

これら三動作の左腕の変化は、積極的にはまったく動かしていない。体の変化にのみ追従してわずかばかり上へ下へと動くようにも見える。そして、その空間においてはたしかに大きく上下しているようにも見えるが、「動かしていない」のである。体が小太刀に対して変化をしているのだ。小太刀に対して体を折りたたむように、あるいはかぶさるように、また開くように変化をしているだけなのだ。そうなるように、左腕を「変化させて」いるのである。楷書としての稽古の場合、それらの変化が、より判読しやすいだけなのである。

したがって、たとえば小太刀の二本目のところで上下の動きを前後の動きとして見あやまったように、ここでもまた安易に「上下の変化」と見てとってしまうと、後のちの稽古に大きな災いとなる。実際、小太刀を前後に操作しているように見えるという「事実」と、本来どう動くべきかという「真実」とはまったく違うということだ。

振武舘において、安易な見取り稽古を排斥するゆえんである。直伝による教えを受けたものだけを、脇目をふらず精魂込めてくりかえし修錬することだ。その自己の範囲内においてのみ、見取り稽古は存在する。

太刀色

祖父に教えられた手合いである。
受は、居合の座構えにいる。取は、陰剣の構えで間合いを詰める。どんどんと詰めより、受がいままさ

両刀居合詰　六本目「太刀色」

に太刀を抜き付けようとする時、その柄を小太刀で抑える、というのが型の起こりである。

普通なら、座っている相手は恐ろしくない、いや楽であると思うのだろう。しかし、この型は、両刀の六本目である。立った受より、難しい型であるはずだ。この段階では、たとえ受が居合術を知らなくても、それだけの身体の働きをもっている者が受に立つ。

たしかに、私が座り、そのつもりで相対すると弟子たちは間を詰めるのを厭う。まして私には下手とはいえ居合術がある。本当に、打つぞ斬るぞという想定のもとに、この型を行なおうとすると稽古ができなくなってしまう。少しでも私自身の稽古をしようとして、内心「間合いに入れば斬る」ということを思念すると、もう彼らは間合いを詰めようとしない。型だから出てきてくれと頼んでも途中で足を留める。型がそこでこわれてしまう。これでは、いくら斬ろうと待っていても、寄ってきてくれなければ斬ることもできない。さきに思念を読まれた私が、負けなのだろう。

一般の闘争の場で、実際にこのように相手に手を出させることなく制御できればまことに結構なこと。しかし、これは稽古なのだ。こちらの意図を読まれ、相手に逃げられてはおしまいである。

そこで、その思念の気配を絶つ。すると彼らは、気配が読めぬため、それをより不気味な態勢として感知してしまう。もう、そうなるとだめだ。はい、どうぞ受けをとりますよという気持ちにきりかえないと稽古を進めることもできない（とはいえ、この状態もまた問題ありなのだ）。

とまあ、かくのごとく、型の世界では際限なく上昇指向の稽古ができるのである。

剣術編

第十二章
奥三ツ太刀

術を知る／型を知る／飛変／心の剣／電話……／日月／総括として

術を知る

「……いい稽古をするんだがなあ……」

ひとり、奥太刀を稽古する私に、祖父がふともらした。

その顔は、いつものごとく微笑みをたたえていた。

きのうのことのように、いまもその言葉は私の耳についてはなれない。

その言葉のあとは、言われなくとも自分の体がよく知っていた。

動けない、重い、おそい、そして固い。

祖父の代わりに、京都の大会へ出たとき、

「鉄は、やってくるよ……」

父に、そう言ってよろこんでくれていたそうだ。

何もできず、なにもやってこれなかったのに。

そのころ道場では、通いの子供たちに木刀をたたき折るような厳しくも粗野な稽古をつけていたが、いざ自分で自分の稽古をしようとすると、生来の鈍重が稽古を暗澹とさせた。

二十六歳のとき、祖父は亡くなった。

それから約十年、かわりばえのないまま時が経った。

「柔術がせんに先にと剣術を引っ張っていくものだ」

祖父の言葉が現実のものとなった。

十年後の柔術の見直し、手直しにはいってから、私の身体は日毎夜毎に変化をしていった。いったん術という細い糸の端を掴めば、つむぎ始めるのは簡単である。日々の稽古を、とにかくやればいいのだ。もちろん、型である。型しかないではないか。型にしがみついて、やればやっただけそれはみんな「術技」として、身体に蓄積されるのだ。稽古、修行の途中で一日休もうが、一ヵ月休もうが、そんなことはまったく関係ない。いったん身についた術は、積み重なることはあっても減ることはない。祖父が、十年二十年稽古をしなくとも腕は落ちないものだと言ったことがようやく理解できるようになった。

そして、やわらの何んたるか、流儀を伝えることの何んたるかを自覚したころ、私は武術的身体を獲得していた。

そして、四十歳を越えて、ようやく武術における「遅速不二の速さ」、自分の速さを自覚できるようになった。とともに、稽古風景も一変した。稽古そのものが愉しくてしようがないのだ。それは、往時から言われているように、術の世界には限りがないということ、そしてそれは積み重なることはあっても減ることはないということを、身体をとおして実感できるようになれたからである。

若いころ動けなかっただけに、年齢をかさねるごとに速くなる自分を顧みて、つい顔がほころびる。こんなことがあるのだろうか。いや、これは現実なのだ。

じっと黙って笑顔で私の稽古を見ていた祖父は、いまの私を、とうの昔に見越していたのだろうか。

型を知る

奥三ツ太刀は、まだ極意ではない。

これもまだ階段の途中である。

太刀、実手、小太刀……と昇ってきて、ようやくその表の太刀の裏へたどり着いたのだ。表の太刀、あるいは小太刀、薙刀の伎倆をもってのぞむ、この奥三ツ太刀の型々は、それらの技を基礎として奥三ツ太刀が要求する型に仕上げていかなければならないのである。

すなわち、そこで要求されているように自身の身体を働かすことができなければ、それは奥三ツ太刀でもなんでもない。

いい稽古はするがなあ……と言われた私は、表の太刀に毛の生えた程度のことしかできていなかったのだ。それも当然のことである。実手、小太刀が苦手だった私は、それらすら太刀の上位として使えていなかった。そんな未熟、不鍛錬で奥の太刀などおこがましいことだ。しかし、それは知らないからできたこと。型などというものは、せいぜいそんな程度のものとしかわきまえていなかった。

　型が遺産となるかならないかは、型とどのように向かい合うかで決まってくる。型という文化遺産の認識いかんで、真の自分自身をつかみそこなうことにもなる。

　型は、理論だ、術技そのものだと理解してから私の稽古はすべて変わっていった。型が厖大なる、観えぬ技を手渡してくれたのだ。打てば響き、聞けば答えてくれるものだ。型は、けっしてうらぎらない。型との対話は、すなわち自分自身への問いかけである。型の問いかけを聞ける素直な心がなければ、けっして自分と向かい合うことはない。

飛変

　奥太刀の一本目を、祖父は飛変と命名した。奥三ツ太刀というように、本来は三つの名称からなる一連の型である。すなわち、目附、日月、神当である。

　目附は六本ある。目附の一本目、目附の二本目、目附の三本目……、これではまぎらわしくわかりにくいからと、祖父はその一本目を飛変と名付けた。型の動きから、いかにもと思える命名である。

　表中太刀の一本目が極意であるということは、すでに述べた。輪の太刀の極意性と引き斬りの極意性とを学ぶものであった。が、そこでは表の組太刀という基本性ゆえ、最大最小理論にのっとり両肘完全伸展の太刀の操作を基本としていた。それゆえの消える動きであり、太刀をまわさずに廻す運剣の極意であった。飛変でも同じである。というより、その動きこそここで初めて発揮されるべきものなのだ。

肘を伸ばすことができないぶんだけ、太刀がまわって見える。円転操作が見てとれる。それは、初心の段階の太刀つかいである。間もおそく、隙がおおく出やすい。それを詰める努力の結果、ここ奥三ツにいたる。ようやく、この段階で表の型が太刀術としての精彩をはなつのである。

やわらかく両肘を曲げながらの太刀の円転操作もあるが、初めからそれでは術技は生まれない。いきなり草書を勉強するようなものだ。

祖父が昔、するすると素振りをしたことがあった。そのときの素振りは初めて見るものであった。頭上で、両肘は柔らかく屈曲して動いていた。草体法とでもいうべき素振りであった。竹刀稽古ですら、上位にいたるまでは両肘完全伸展を原則とし、肘の使い方にはとてもうるさいくらいだ。それが、ふわふわといかにも柔らかく太刀が変化をするのだ。まるで生きているようだった。

しかし、我々にはとても、そんなことは真似ができない。型稽古では、少しでも肘が曲がれば、相手の木刀を受け流すどころか、相手の木刀が肩に当たったり、自分の木刀が撥ね飛ばされてしまう。それは、肩に損傷をまねくことになる。竹刀稽古では、小手を隠していても取るという改心流においては致命的欠陥となる。動かぬ身体、理論の蓄積のない操作法は、ただの素人稽古でしかなく、危険なことこのうえない。いずれも稽古にならない。受け流しの態勢での両肘の完全伸展は肩の損傷を防ぐばかりでなく、重い真剣を敏速に振りあつかうための、しかも消えるための最低限の要素である。それが、上泉の新陰が駒川太郎左衛門国吉改心にきびしく伝えたところの「位五大事の教え」である。速く、小さく鋭く動くには、半身、沈身、両肘完全伸展で最大に動くしかない。

初めから剣を柔らかくあつかえれば、なにも問題はない。多くは、問題おおありのまま稽古が行なわれている。私は柔術によって、剣の柔らかさを知った。そこで初めて、祖父の〝あの柔らかさ〟〝あの速さ〟を理解することができたのだ。

点の間の攻防を祈念しよう。あるいは、その点滅が動作の連続となるように。

剣の一瞬の光芒に、すべてが終わるのだ。

表の型と同様に、取は受の斬撃をとって真っ向へ斬り返すと、受は正面を太刀で防御する。

『……その時、右足を一歩踏むと同時に、我が太刀の剣先で相手方の左胴から打ち込みを入れて、相手の右乳下を切り払うのですが、一図に示したように相手の左脇下へ、打ち込んだ太刀と共に右足を踏み込み、さらに左足を送りながら引き払いにして、相手方の体の右後方部へ飛び抜けながら相手の太刀の届かぬ位置まで一飛びに払い上げて抜けることが肝要であります。いずれにしても、相手方の真っ向を打つと、ほとんど同時に、間髪を入れぬ早業で飛び抜けることの出来うるだけの修行を致すべきであります。』

（「剣術教書」）

奥三ツ太刀　一本目「飛変」

これが祖父の指導である。尻が重いと言われた私に、間髪を入れぬ早業などできるわけがない。だから遅くともよいから、なるべく正しい形だけは残したいと願うしかなかった。

とはいえ、今から思えば、「正しい形」ができれば身体は軽く、動きは消える。正しく動けば、間が速くなり、ゆっくり動いても間髪を入れぬ早業が生まれる。そんなことを、だれも教えてはくれなかった。ともに術を追究する弟子たちに導かれ、力では行けない世界へいざなってもらった。

真っ向を打つ。そのまま体を沈めるのとひと調子に太刀を変化させる。

瞬間的な体の沈みは、その体を消し、太刀を消す。さらに左へ飛べば、その間の体も消えて見える。人の動きが体ごと眼の前で消えて見えるという現象は、私自身にとっても感動ものだった。そういう動きがあったのだ。それだけはやめてくれ、と言ったって、動けば消えるのだからしようがない。それが術を得た人間の動き方なのだ。その動きで敏速に、あるいは緩やかにねばりつくように攻めてこられては、同次元の稽古のできない者に対応できないのは道理である。

受の胸に太刀を払い打ちに斬りこむとき、順体法により両腕はほとんど動かさない。とはいえ、それは基礎理論。

型にしたがって、柔らかく両腕をつかって太刀を横に変化させる。が、横に引き斬るための腕を使わない。使わなくともその腕の動きが体に先んじると、まる見えとなり、ひいては動きのすべてが相手に見て取られる。ということは、動いているあいだ中が隙となり、相手はいつでも打ち込むことができる。だから動かさないと念じる。先に動いて、動きが消えるからこそ大きく変化ができるのだ。またそれは最大最小理論にのっとっているからこそ、大きく動いて小さく速い動きの感覚として自身も動けるのだ。

小さくひょいと動いたつもりでも、それは大きな動きであったり、大きく動いたつもりがとても小さかったり、あるいは意図したままの動きであったりするのがその実感である。

いずれにせよ、相手に応じ、間に応じて大きくも小さくも適宜に動けばその結果は一つである。大小と見るのは即物的相対的な、よく言えば術技的な次元での評価でしかない。剣の世界の動きは、一つしかない。すなわち、躱せたか躱せなかったか。

生か死か。

心の剣

まだ、型稽古のあとに竹刀稽古をさかんにやっていた頃、

「鉄ちゃんの稽古はだいぶよくなってきたけど、まだ級の段階だと爺さんが言っていたよ」

と、祖母が教えてくれた。

二十歳代前半の頃のことだった（一級の上は目録、その上は免許という古伝の位階でのことだ）。

たしかに、当時、それは私自身、自分はいまどのくらいの腕か聞いてみたかったことであった。だが、実際にその腕を評価されるとがっかりした。と同時に向上心が頭をもたげた。しかし、その一瞬の後には、自分の素質、運動能力、身体の固さなどから諦めの気持ちがわき上がった。くやしいけど、どうしようもない。熱くなって、すぐ冷めた。

かつて祖父はあらゆる剣道家に打たれない、打たせないであろうという折り紙をつけた弟子を育てたが、その方にはたった一筋の見えざる正中線がない。しかし、現に遣えたのだ。その意味では、強かった。こと勝負となった時の気迫は、父もお気に入りのものだった。

終戦直後、まだ武道厳禁で世の中が逼塞していた頃だった。中山博道師範がみえたとき、彼が棒術のお相手をさせてもらったことがある。中山師範は彼の受に対して、「これは、調子がよい、これはいい……」と言って、他では滅多に見ることのないであろう受けの柔らかさに喜々として稽古を愉しまれていたという。そんな稽古ができたのに、祖父の直伝を受けたはずなのに、どうして祖父のもつ正中線を受け取らなかったのだ。その正中線とひきかえにしか、なまの強さを得ることができなかったのか。どうして、いつまでも勝った負けたと、それも竹刀でのことにこだわっていたのだろう。それが剣だ武道だとしか理解できなかったのだろうか。

意のごとく動かぬ我が身体を、心と剣と体との一致をめざして修行することこそが、そんなつまらぬ勝負ごとから乖離する唯一の手だてではなかったのか。祖父自身「武術は断じてスポーツにあらず」と言っていたのに、その祖父についていながらなぜそのような稽古の積み重ねにならなかったのだ。結局、自分自身という我を捨てて稽古をすることができなかったのだ。動かぬ自分が基準になれば、どうしても強情我慢の稽古となる。なまじ運動神経がよいだけに、自分の動きを初めから武術的な動きであると錯覚する。だから、おなじ「厳しくつらい稽古」と言ってもまったく次元が異なっていた。しかし、自分というものを、まさに剣によって斬り捨てないかぎり本当の剣の道を歩むことなどできない。わけのぼる麓の道は多けれど……と達観し、それが「剣の道」全般だと信じ、満足して一生を終えるなら、……知らずに済むのなら、それはまことに幸せなことだ。

現代人の我々が型を学び、伝えるということは、先人の思想をも学びとらなければならない。いや、それこそが唯一無二、三位一体の武術的身体というものを学びとることになるのではないか。

電話……

そんな大事なことに関して、問い合わせだけにせよ不埒な手紙が多いことは以前申し述べたことだが、それは電話に関しても同じである。剣の思想を学ぼうとするからには最低限の礼儀を弁えていてもらいたいものだ。いや、これはもうそういう程度の問題ではないような気もする。こんにちわ、さようならと同じ次元といっていいだろう。

「……古武道（術）って、やってるんですか」

いきなりの問い合わせがあった。声の様子からすると、お若い方のようだ。静かに名前を問うと、また同じようなことを繰り返す。こちらも、もう一度たずねた。すると、プツッと電話が切れてしまった。これでは、せっかくのご縁が結べないではないか。

大事な話ができない切なさにやや気も沈んだ。すぐにまたベルが鳴った。受話器をとると、いきなり耳に素っ頓狂な音がはいった。「ヴェロヴェロバァアァ……」と騒いでいる。いまの彼氏だ。腹が立つよりなにより、暗澹たる気分でそのまま受話器を置いた。

意志の疎通ができないことに対して、自分自身を省みることなくただ腹を立て、ベロベロバアと騒ぐことしかできないこの若者に、憐憫の情を抱かぬわけにはいかない。一部ではあるにせよ、これがいまの日本の若者のひとつの姿なのだ。幼児が気に入らないときに泣きわめくような態度しかとれぬこの若者はどんな躾け、教育を受けて育ったのだろうか。

そういえば、昔から最低限の礼儀を欠いたものがおおかった。道場の子供らに電話の掛け方について問うたことがある。みんな元気に手を上げた。小学生の一人を指名すると、まことに礼儀にかなった手順をきちんと述べてくれた。小学校のときにおそわったことが、中学、高校となるにつれておろそかになることも事実だが、こんな彼らは立派な社会人になってくれていることだろう。

官民そろって不正を働く現代において、正義を遵守することの大切さを痛感できる人間はよほど少ないのだろうか。健全な精神というものを何によって育成すればよいのだろう。新社会人が新人研修と称して、挨拶の仕方から勉強させられるなどという現実を耳にすると、情けなさに腹が立つ。今の日本人は、いかに躾けということに無頓着になってしまっているのかがよく現れている。

先年、テキサス州サン・アントニオ合宿のとき、道で見かけた光景だ。幼児がだだをこねる声に顔をむけると、その母親が幼児をさっと抱きかかえ、尻をはげしく叩きはじめた。親のいうことを聞かぬ子は、日本でもむかしはこうやったものだ。いまでもアメリカでは、こういう躾けを幼児のころから、いやかわいい幼児だからこそ必要で、行なっているのだ。

礼儀などというものは、型である。振武舘という門戸を開放している以上、定型を踏んで入ってこられれば何も拒む理由などない。気持ち良く応対すらできるというものだ。それが「挨拶」というものではないか。心があっても形がなければ相手には伝わらない。以心伝心などという世界も、それが第一歩なのだ。それも正しい形から始めなければならない。その動きに心の働きが、心のはたらきがその動きを通して外に現れたときが、型の世界における術なのだ。

日月

日月と称する二本の型を、祖父は陰剣、陽剣とあらわした。

改心流の八相の構えからの変化を学ぶものである。表の太刀の型で三本を学んだが、身体の大きな移動、間の変化、速さはその比ではない。

かつて、こういう稽古は、脚力のない私にはもちろん苦手であった。身体を大きく前後へ移動、変化させるなどということは、俊敏な脚力をもってしてもなかなか容易なことではない。それだけに、昔はあまり、いやほとんど稽古をしなかった。というより、できなかったのだ。

それが、しだいに武術的身体に近づくほどに、動けないということが理論的に認識できるようになった。すると、理論にかなった動きをしようとすることのみが普段の稽古となり、脚力に支配されない速さをもつ世界がひらけてきた。動きが速い、遅いということがどういうことなのかを知ったとき、祖先からの大いなる遺産というものを身近に感じた。血の流れを実感した。流儀というものを、はじめて理解した。それはまさにおのれ自身の内に存在しているものだ。だが、それはないも同然のものだ。あるが、ない。在ってあることができて、つまり武術的身体を獲得して初めて、存在するものなのだ。

その身体は、型にある。

双方、八相の構えで間合いを詰め寄る。

受は、取の小手を斬りに行く。

取は、その小手斬りをまんまと斬らせるように、間をしくむ。そこに双方の伎倆により、結果としての先々の先であったり、互先の先あるいは後の先となったりする動きがはたらく。どの先であっても、それは先にかわりはないし、たんに応じただけと言ってもよい。相手あっての変化であって、そこに我意はない。我が身体が、心がそこにあってはならないのである。そこに居て斬られるような身体をこそ、否定するのが剣の稽古なのだ。柔ではそのことを学ぶからこそ、柔術が剣術をさらに理解しやすいもの、そして剣術を押し上げてくれるものとして機能するのである。

斬らされた受は、当然負け太刀となる。そこを勝ち太刀と変ずることもまた術技であって、それはすでに受の領分のなかに含まれてしまっていなければならない。

その速い受に対して、その間をあたえずに付け込み、受け太刀に追い込む。追われて、斬らんと心が動くように追いこむのだ。その気をとって、抜いて斬らせ、体をおよがせて、その斜め背後から斬り伏せるのである。その間、太刀の変化を消し、身体の変化、動作を消すことを逐一まなぶのだ。そんな身体の働きを教えてくれるものは、師伝、直伝による「型」以外のなにものでもない。

どの型でも同じことである。ただに型の手順に動いていたのでは、表の型にも「奥の型」にもならない。身体の動きの不備のまま動けば、どれほど筋力まかせに敏速に動作をしても空いた間を詰めることはできない。それを、それらしく合わせると取ばかりが忙しく、見せるだけの運動となってしまう。消える動きもなにもあったものではない。そのような動きは、たんなる熟練度の違いのみで誰にでもできるものだ。だれにでもできるものは、技、術にはならないということは再三述べてきたとおりである。見せ物ではな

奥三ツ太刀　八本目「陰剣」

い。見えてはこまるのだ。そんな動きはいかに敏速、俊敏とうたわれても、そのかしらに「即物的な」と形容されるのが落ちだ。これを華法稽古ということもすでに述べた。

ある郷土史家の方が、かの巌流島における武蔵と小次郎の試合について、長岡佐渡守の従者であった侍の日記を見つけられたそうだ。そこには、武蔵、小次郎双方がすーっと合い寄ったかと思ったら、小次郎がいきなりぱたりと倒れたきり、一瞬のできごとで、いったい何が起こったのかまったくわからなかった、と記されてあったそうな。

この侍の伎倆では、何が起こったのか、ふたりの動きがまったく見えなかったに違いない。さもあらん。武蔵、小次郎ほどの剣客が眼に見えるような動きで刀を振っていたとは思われない。当然のことではないか。

などと、思えるようになったのも家伝の型を学び、こんな自分でも動きが消えるところまでこれたからだ。型をきちんと正しく学ぶということが、現代においていかに困難なことであるか、またそれだからこそ、いかに大事なことであるか。

型をきちんと正しく学ぶということは、さきの挨拶、礼儀、礼式に通ずるものだ。

総括として

さて、もういくら奥の型々について説明をつらねてもきりのないところまで来てしまった。実地の型稽古をとおして、それを愉しむことができるのは振武舘に集う方たちの特権だ。

剣術編の終わりにあたり、総括をしておこう。身体理論については剣術、柔術ともに同じことの繰り返しだ。

だが、同じことがそのときと同じ理解の度にとどまっていないことを心より期待したい。

（一）基本素振りとしての輪の太刀における最大最小理論
基本が大事だということは、その理論が極意まで一貫して通じているということを意味している。だから、基礎であり、それゆえの重要性なのである。

重量のある日本刀を効率よく、しかも最大の運動量を保持しつつ、なおかつ速く振るにはいかにしたらよいのか、また受ける太刀とそこからの反撃の打ち太刀との連関性をどのようにとらえたらよいのか、という命題から生まれた運動理論が最大最小理論なのである。

基本だから大きく動く、のではない。最大に身体を働かすことによって、最小の動きを獲得できるからにほかならない。最大に動いているのだから、運動量は最大である。しかも、この動き方によって最小の動きを得ているのだから、最短で最速をも実現する。この動きにより、身体と武器あるいは身体と空間との相対的関係において、最大で最小を得、それは同時に最小で最大を得ることになる。

一般的には大きく動けば大きくなってしまう。誰もみなそう思っているし、動けばそうなってしまう。そこからは、速さはもちろん、小ささ鋭さなど生まれるわけがない。そんな当たり前のことに命をかけていたら、いくら命があっても足りないではないか。しかし、そこに命が懸かっていた往時の侍たちは、それを術という次元の身体運用理論にまで昇華したのだ。

あるひとつの動きに対して、最大であると同時に最小でもあるという矛盾した表現手段をもちいて術というものを表すとしたら、術とよべるほどのものは、すべて矛盾である。矛盾しか存在しえない。立って立たず、座って座らず、居ていない身体。大きく動いて小さく、小さく動いて大きい動き。それが型であり、術と呼ばれる人の動き方なのである。それを頭で理解しようとすることのほうが、矛盾なのだ。

武術とは、稽古が主体なのだから、ただただ行なえばそれでよい。それが理論の実践ではないか。このような画期的な運動理論は、いや、たしかに名付けたのは私だが、これは私の独創でもなんでもない。当家に残された、侍たちが残してくれた、身体の文化遺産なのだ。

しかし、正しいと伝えられた型は、今日的一般的観点や一般的指導法からすれば、むしろ逐一、不正とされるものだ。しかし、そこに命を懸けた侍たち、いや祖父や曾祖父が流祖以来、正しいとして伝え来たったものを、私の代になって、現代的に不都合だから、見場が悪いから、姿勢が悪いからと一般論に迎合して、それを不正とすることなど絶対にできないことだ。

一般的には不正と見做される古伝のもつ形には、高度な理論が存在している。

その理論を、剣術においては、すでに素振りという輪の太刀、廻剣、回刀の基本操法に見ることができる。ここから極意は始まっているのである。最大に動くことが最小を得る。これが極意でなくしてなんであろう。こと振武舘においては、極意、秘伝などというものは理論そのものでしかない。すなわち、それは型そのものを意味している。素振りという理論は、型なのだ。

昔、祖父がよく薙刀を使用して素振りを説明していた。スポーツ剣道のように竹刀や刀を振りまわしていたのでは部屋のなかでは振ることができないが、術技というものを心得ればこのような長いものでも壁、天井に差し障りなくしかも充分に振りこなせるものだと。いわんや、刀剣においてをや。

とにかく術の世界においては最大に身体を扱い、武器をあつかうということがまず第一の条件となる。武器の大小を問わず、この理論は適用されなければならない。その操作方法に術と呼べるだけの難度の高い身体運用理論、運用技法があるからこそ、最小の動き、操法が発現するのだ。最大限に動くため、当然そこに発生する運動量は、その個人がそれ以上得られぬ限界値をしめす。だが、剣という刃物はしずかに引いても斬れるものである。「最大の運動量」というものは結果でしかない。

また、その運動がその動作空間の範囲内において最小を確保するため、最短で最速が約束される。これが武器法にかぎらず、身体そのものの運動においても、完全なる基礎とならぬわけがない。基礎であり、すでに求むべき極意なのである。

(二) 等速運動および直線運動

円に動かすより直線に動かすほうが短く速いというのは子供にも理解できることだ。そんな一般論において、太刀を回転させるより、直線に振ったほうが速く合理的であることは論を俟たない。しかし、太刀を直線的に上下に往復運動させるということを見てみると、重量のあるものを筋力で往復させるということに大きな問題が生ずる。

また、相手の斬撃を受け、そして斬り返すという観点からすればその二つの動作をどのように敏速に行なうかが問題となる。

そもそも廻剣理論においては、太刀を廻さないということが基礎理論となっているのである。この素振りにおいて、太刀の円運動をささえているのは直線運動である。太刀を廻すと言いながら、その実態は直線運動なのだ。太刀の円運動を直線の動きで支えるということに、早くもその操作、運動に極意性が現れる。それゆえ、往時はその伝授から門外不出のことがらとなる。とくに左の廻剣素振りにこまやかな神経が払われることは、すでに述べたとおりである。

最大最小理論の要請から、両腕をまず完全伸展の状態に保たねばならない。この完全伸展の肘遣いが新陰流の上泉伊勢守から駒川改心へと伝えられた位五大事の大事である。

なぜ、大事なのか。最大最小理論、等速度の直線運動により、動きが消える。ここが型における現象面としてもっとも大事なことだ。いくら眼前で教えを受けても、ひとつの身体が動いたということだけしか見えず、どのように動いたのかがまったく見て取れないという現実は、まさに武術の武術たるゆえんである。動く前の構えと動作後の形しか、実際には記憶に残らないのだ。太刀を廻旋させているようになど、まったく見えないものだ。前後あるいは上下に振る直線運動より速く、しかも安全に受け流しの太刀筋を有し、さらには消えた動きを有する太刀筋だからこそ往時の武士たちが求めにもとめて修行を重ねたのである。

輪の太刀というのは、受け流しの太刀と斬撃の太刀の合体したものなのだ。二つの動作の連続したものではなく、身体運動としてひとつに合体したものなのである。それを等速度で行なうからこそ消える動きにつながるのだ。すなわち、太刀を振らない。

実際に、型を分解してみれば一目瞭然のことだ。相手の真っ向を打つために、我が両腕は太刀を振るための上下運動を排除している。ここには一般的な「物を振る」という身体感覚は、ない。あればいつまでも太刀は消えず、動きは消えず、型が歪む。すなわち、自身の命が危うくなる。

動きを消す、消える動きを求めるための方便が型なのである。したがって見えない型を何度みても、見ているだけではまったく稽古ができないものだ。どのように動けば、その動きが消えるのかを理論として学ばなければ、いや学んだとてそこには個人個人の身体技能に応じた誤解という問題も消し去ることができない。真伝、直伝ということが何を意味するのかを理解できなければ、似て非なるものに甘んじなければなるまい。

そもそも等速度と言ってみても、ほんとうに身体をとおして理解するのは容易なことではない。静かに等速度で動いているように見えても、じつは支点のある加速度運動をゆっくりとやっているにすぎない場合が多い。まして、直線運動となるとお手上げだ。直線というものもまた見えない運動のひとつである。自分の眼でみて見える手足の直線性は、ここでいう直線運動ではない。その手足、身体の直線性を身体運動そのものから生むのである。術技だてられた直線運動は、直線だからこそ見えないのだ。直線に動いたことが容易に見える動きは、技とは呼ばない。そんな見えざる直線運動を、なにを基準にして学び、獲得していくのか。もう言わずもがな。型によってしかない。理論によるしかないではないか。

(三) 半身、沈身、一文字腰の大事

これらは、最大最小理論の要請である。半身の一文字腰を受け流し、打ち込みの時の定法とするのは、太刀をこれ以上大きくは振ることができない最大限度の軌跡を得るためである。ただたんに相手から攻撃される面積を小さくするばかりではない。

一般のスポーツ剣道では、半身の打ちは刃筋が曲がるといって忌避する。しかし、半身から半身へと変化をしながらの打ちを、ほんとうに真剣を扱っていた侍たちがそれを基本として大事としたのである。そこでは、刃筋の曲がりの起こる原因を排除した操法が行なわれているということだ。というより、最大最小理論にしたがった動きに従えば、刃筋のまがりなど発生しないのだ。理論から逸脱した動き、自分勝手な動きをするから刃筋が整わない、ただそれだけのことだ。

この輪の太刀の操法における真っ向への斬り込みは、防具をつけた竹刀稽古になると、腕の差があれば、自身の稽古として輪にも見せて使うが、それ以外は振り上げる動作のない打ちをもっぱらとするのである。振り上げがなく、振り下ろしのみの打突と聞けば、上段の構えを想起するかもしれないが、これは正眼の構えである。位五大事をみよ。相手の構えに対してどのように構えよと伝えているのか。それは、まさに身体の運用から消える打ちへと繋がっているではないか。

構えはそのままに、静かに腰を落とす。すると、その太刀はその空間においてまったく微動だにもしていないにもかかわらず、その態勢のまま腰を上げてみれば一目瞭然だが、太刀を振り上げたのと同じ結果を得ている。そして、腰を落とせば、即座に前に出られる。しかも腰を落とした分、おおきく前へ出られる。また床の蹴りを消した動きは静かに入っても相手にその気配を読まれない。さらにその熟達した結果、ゆっくり打っていて、しかも正しく静かで見えざる動きはそんな理論的動作が根拠となっているのだ。

このような身体の構えが存在するからこそ、振り下ろしのみの打突というものが可能となるのである。

筆者による構え

このような身体の構えが存在するからこそ、振り下ろしのみの打突というものが可能になるのである

しかも、力に頼らないため、相討ちの相手の太刀はそれる。さらに、その相手が手の内を誤解して、ぐっと絞るような打ちをすればするほど相手の太刀はよくそれる。柔術と同じく、剣の操法においてもまた力の抜き較べが稽古の主体となる。たんなる脱力は、力んだ相手の竹刀にも排除されるが致し方のないことだ。それを嫌って腕力、体力の養成ということに眼が向いてしまえば術への道は閉ざされる。たんなる脱力を克服してこそ老者が若者を、体力的弱者が強豪を制するようになれるのだ。打たれて稽古せよ、とはそういうことだ。

すでに技法として確立されてしまっていることは、素直に学ぶにしくはない。きちんとしたことを、きちんと学ぶのがいかに大事かということがわかる。一代の工夫でどうにかなるものなどでは到底ない。力では行くことのできぬ果てしない術の道程を愉しむには、すなおに型に頼ればよい。まだまだ不充分な動きしか持たぬ私には、竹刀稽古の暇はない。自分の体に、理論をしみ込ますしかないのだ。それが武術的身体を得る捷径でもあり、さらに武術的身体を得た者が追究すべき道なのだ。

型そのものを、日々たのしむことのできる人にしか武術的身体を獲得することはできない。

強くなることを願っても、
術技を高めたいと願っても、
型を学べばひとつのものにしか到達しない。
それを、
美しさと表現しても
けっして間違いではないだろう。

おわりに

はじめに「剣術や柔術、居合術などというものに理論などないと思われている方、あるいはすでに日本の武術に幻滅感すら抱いている方々に本書を繙いていただけたら……」と申し述べたが、じつはそんな武術、武道愛好家の方たちばかりでなく、それ以上にひろく一般の方、なかでも運動の苦手な方々、またあるいは芸術諸分野の方々に目を通していただけたら、と念願しているところである。

現在、振武舘では、まことに柔和穏健、静謐端正で美的な型稽古を目指している。優雅、典雅とさえ言っていただけたら、何より心からの充足感を覚える次第。

なんとなれば、それこそが剣の世界の眼に見えぬ速さ、真の怖さと心得るからにほかならない。型による精緻精妙な稽古のつみかさねこそが、過去未来を通じて唯一の武術的身体を創る。

ひじょうに高度で難解な心身の運用技法を、型という理論を手がかりに学ぶことが、それが安易に出来ないがゆえに、いかに愉しいものであるか。「きょうは稽古日、たのしいな」というそんな雰囲気を読みとっていただけたとしたら幸甚である。

とはいえ、拙文ゆえ思わぬ誤解の生ずるを惧れるばかりである。とくに理論的な記述に関しては極力意をくだいたつもりであるが、それもおぼつかない。どうか、諸賢のご賢察のほどお願い申し上げる次第である。

本文の大半をしめる型の理論的説明、注釈については、実際に武術や武道をまなんでおられない方々にとっては、たとえそれが普遍的内容を含むものであっても、難解、繁雑な印象をもたれたことであろう。

しかし、まさにそれこそが型のなんたるかに応答する重要な部分となっている。型の真の意味を理解せずして型稽古は成り立たない。現在、われわれが型稽古を心から愉しむことができるゆえんは、ここにこそある。

本書は、月刊「秘伝」誌に連載された「私の武備誌」第二十六回から第四十七回までの剣術編を、全体にわたり筆をいれなおし、まとめたものである。当初の計画では、剣術編、居合術編をひとつにまとめて上梓するはずであったが、紙数の都合で剣術編のみとなった。

本書を初めて手にされる方で総論編、柔術編にご興味のある方は、前著「気剣体一致の武術的身体を創る」を合わせてお読みいただければ幸いである。

最後になったが、書籍出版に際しては、前著同様に（株）ＢＡＢジャパン社長の東口敏郎氏の多大なるご尽力に与った。心より御礼を申し上げる次第である。また、書籍編集にあたっては過半数の写真の撮り直しもふくめて堀内日出登巳氏のお世話になった。厚く御礼を申し上げたい。
なお、雑誌連載中、岩永祐一氏同様ひきつづき椎間賢司氏、佐藤雅史氏には写真撮影ならびに編集でお世話になった。この場をお借りしてお三人に御礼を申し上げる。

平成十二年八月吉日

振武舘黒田道場　黒田鉄山

【著者プロフィール】

黒田鉄山（くろだ てつざん）

振武舘黒田道場館長。1950年埼玉県生まれ。祖父泰治鉄心斎につき、家伝の武術を学ぶ。民弥流居合術、駒川改心流剣術、四心多久間流柔術、椿木小天狗流棒術、誠玉小栗流殺活術の五流の宗家。現在も振武舘黒田道場において、弟子と共に武術本来の動きを追求し続けている。

振武舘黒田道場

〒330-0805 埼玉県大宮市南中丸734-55
TEL048-683-0162

気剣体一致の「改」

2000年 9 月15日 初版第 1 刷発行
2004年 7 月30日 初版第 2 刷発行

著者 黒田鉄山
発行者 東口敏郎
発行所 株式会社 ＢＡＢジャパン出版局
〒151-0073 東京都渋谷区笹塚1-30-11
中村ビル４Ｆ
TEL03-3469-0135（代表）／03-3469-0190（編集）
FAX03-3469-0162
郵便振替00140-7-116767
印刷・製本 株式会社シナノ

 ISBN4-89422-393-7 Printed in Japan

BABジャパン
VIDEO・DVD
& BOOK
絶賛発売中!

黒田鉄山
古伝武術極意指南シリーズ

「型」は単なる実戦のヒナ型ではない！その至極の形にみる精妙にして速さをも超えた身体運用の芸術とは如何なるモノか？大きく使い、大きく動くことによって、最短、最速、最大、最小という相反する条件全てを一度に満たす「型」の深奥がここにある！本来あるべき姿としての稽古、その積み重ねが多ければ多いほど、信じ難いような技も可能となるのだ。

DVD & VIDEO 第1巻

民弥流居合術「真之太刀」之極意

◇収録内容
●来歴 ●理論概説 ●実技練習「礼法」「真之太刀」「真向斬り」●門下生演武／一般演武 ●師範演武：真之太刀／切附／行之太刀／陽之剣／柄取／向掛／声抜
●収録時間：60分
●VHS価格：6,116円（本体5,825円＋税）
●DVD予価：5,500円（本体5238円＋税）

DVD & VIDEO 第2巻

駒川改心流剣術「涎賺」之極意

◇収録内容
●来歴 ●理論概説 ●実技練習「廻剣素振」「涎賺（よだれすかし）」 ●門下生演武／一般演武 ●師範演武：涎賺／切上／目附／足切／付込／龍段返
●収録時間：60分
●VHS価格：6,116円（本体5,825円＋税）
●DVD予価：5,500円（本体5238円＋税）

DVD & VIDEO 第3巻

四心多久間流柔術「朊之巻」之極意

◇収録内容
●来歴 ●理論概説 ●実技練習「受身」「朊之巻」 ●師範演武：「朊之巻」、「朊之巻」の応用編
●収録時間：60分
●VHS価格：6,116円（本体5,825円＋税）
●DVD予価：5,500円（本体5238円＋税）

DVD & VIDEO 第4巻

民弥流居合術「行之太刀」之極意

◇収録内容
●理論概説 ●前回の復習と補足練習「座構」「真之太刀」他 ●実技練習「行之太刀」 ●門下生演武／一般演武 ●師範演武：行之太刀／横払
●収録時間：60分
●VHS価格：6,116円（本体5,825円＋税）
●DVD予価：5,500円（本体5238円＋税）

DVD & VIDEO 第5巻

駒川改心流剣術「切上」之極意

◇収録内容
●理論概説 ●前回の復習と補足練習「廻剣素振」「涎賺」その他 ●実技練習「切上」 ●門下生演武／一般演武 ●師範演武：切上
●収録時間：60分
●VHS価格：6,116円（本体5,825円＋税）
●DVD予価：5,500円（本体5238円＋税）

DVD & VIDEO 第6巻

四心多久間流柔術「腰之剣」之極意

◇収録内容
●理論概説 ●前回の復習と補足練習「受身」「朊之巻」 ●実技練習「腰之剣」「浮身」「無足の法」 ●門下生演武／一般演武 ●師範演武：腰之剣／浮身と無足の法
●収録時間：60分
●VHS価格：6,116円（本体5,825円＋税）
●DVD予価：5,500円（本体5238円＋税）

動きが消える。途中が消える。「見えない動き」を見る！

BABジャパン　BOOK　ラインナップ

高岡英夫の
極意要談
高岡英夫氏が現代の名人・達人と交わした対談集。極意へと至る階梯を明らかにし、氏が唱えるDS理論を駆使し、鋭角的な分析力で解明。ゲスト：塩田剛三／稲葉稔／于永昌／森良之祐／黒田鉄山／伊藤信之／柳川昌弘。
◆高岡英夫著　◆B6判　◆248頁
◆定価：1,733円（本体1,650円＋税）

「脱力」の極意はすべてに通ず
人間が本来持っている能力を発揮する鍵は、秘伝とされてきた武術の修行システムの中にあった。本書はこの武術の真髄を解き明かし、誰にでもわかりやすく広範囲に活用できるよう作り上げられた練気柔真法を完全解説。
◆島田明徳 著　◆四六判　◆232頁
◆定価：1,575円（本体1,500円＋税）

明府真影流
手裏剣術のススメ！
古流武術の裏芸「手裏剣術」。小型で携帯性と汎用性の高い手裏剣を使用し、一瞬で為される心技体の精密作業。本書は手裏剣術の基礎知識から具体的な稽古法まで豊富な図説を交えた「わかる」から「できる」までを懇切丁寧に指導・解説
◆大塚保之著　◆四六判　◆200頁
◆定価：1,890円（本体1,800円＋税）

極意要談 2
極意化の時代
極意が“極まった意識”であるならば、極まる次元がある はずである。驚愕の書き下ろし＆ヒクソン・グレイシーの身体構造に迫る特別編も掲載。ゲスト：梅津貴昶／宮崎正裕／古澤巌／三瓶啓二／白石宏／宮田和宏。
◆高岡英夫 著　◆B6判　◆240頁
◆定価：1,785円（本体1,700円＋税）

脱力が解く
～合気・発勁・化勁の極意～
武術は本来、自然の法則と一体となり、その法則に適応した身体運動を行うことを目的とする。しかし、武術の極意は秘伝という形で一般的には公開されていないものが殆どであった。本書はその秘伝の部分を茂呂師範が紹介。
◆茂呂隆 著　◆Ａ５判　◆280頁
◆定価：1,835円（本体1,748円＋税）

護身Hand Book
こんな時代だから……事件に遭わない、起こさせない。実用知識で危険を見抜く。日常生活から事件が発生するまで段階に合わせ事件発生前に危険を見抜き、回避するための実用知識を提供。危機意識を持つすべてのひとへ必携の護身マニュアル。
◆毛利元貞著　◆四六判　◆248頁
◆定価：1,680円（本体1,600円＋税）

極意学入門
極意と人間
宮本武蔵、植芝盛平、手塚治虫、マイケル･ジョーダン、イチローら、奇跡の実践者のみが持ち得た壮大にして精緻なる身体意識の構造を人類普遍のメカニズムとして完全解析･理論化。
◆高岡英夫著
◆四六判上製　◆324頁
◆定価：2,310円（本体2,200円＋税）

秘伝「猫の妙術」極意とは何か
約270年前に著され、山岡鉄舟も座右の書とした「猫の妙術」。猫と鼠との闘争をたとえに「剣の極意」が語られ、その極意がすべての人間に通じる「人としてのあり方」であると説く。練気柔真法創始者の島田明徳師が解説。
◆島田明徳 著　◆四六判　◆240頁
◆定価：1,785円（本体1,700円＋税）

武道の“コツ”でスポーツに勝つ！
スポーツで上達するための“コツ”によるトレーニング法は長い歴史を有す武道にこそ、蓄積されている。今、コツの集大成「運動基礎理論」が公開される!!　■本書で取り上げるスポーツ：野球、テニス、バドミントン、短距離走、マラソン、剣道、バスケット、サッカー、…など多数。
◆吉田始史著　◆A5判　◆248頁
◆定価：1,890円（本体1,800円＋税）

DSが解く
達人のメカニズム
上原清吉、塩田剛三、初見良昭、黒田鉄山、宇城憲治、柳川昌弘、岡本正剛、中村日出夫。本書は現代武道界に燦然と輝く8名のその優れた実力の理由を卓越した身体意識＝極意の構造分析を通じて詳細に解き明かします。
◆高岡英夫 著　◆A5判　◆226頁
◆定価：1,785円（本体1,700円＋税）

丹田を創る呼吸法
内観の法、軟酥の法、息心調和法、岡田式正坐法、肥田式強健術など様々な日本的練丹法。その根底に流れる共通した「ハラ」の思想。「丹田」に関する古今の様々な身体テクニック、体で心をコントロールするその優れた効果を詳述。
◆鈴木光弥著　◆Ａ５判　◆232頁
◆定価：1,785円（本体1,700円＋税）

ジパング ボディ システムで甦れ
日本人力
「日本人の日本人による日本人のための身体論」から、日本人の風俗習慣、文化、芸能、武術を見直す！古の日本の智恵を、武術＋整体の「ジパング ボディ システム」による新感覚身体論でアレンジし、現代社会の歪みを正すセンセーショナルな一冊！
◆河野智聖著　◆四六判　◆208頁
◆定価1,470円（本体1,400円＋税）

創造する知･武道
「メビウス∞気流法」創始者の坪井氏による武道の極意を巡る一書。目次：型と形の意味を解く～稽古の手がかり／呼吸／「身体の文法」の発想／剣の極意は体術の極意に一会の型／その他。特別ノート「共なり一重の身･窮極地へ」／その他
◆坪井香譲 著　◆A5判　◆272頁
◆定価：1,785円（本体1,700円＋税）

対談 秘伝剣術 極意刀術
日本剣術と中国剣術の秘密。日本刀術と中国剣術。その相違点と不思議な武術文化交流の足跡。日中両国が、いかなる興亡と闘争によってこの刀剣術の世界を醸成してきたのか。
◆笠尾恭二・平上信行 共著
◆A5判　324頁
◆定価：2,310円（本体2,200円＋税）

バーリトゥードKARATE
呼吸力とバランスを使って身体的に優れていなくとも強者になりうる独自の技術体系を紹介。己を鍛錬し、協調性を重んじ、崇高な格闘家育成につとめる禅道会、ここに見参!!
◆NPO法人日本武道空手道連盟空手道禅道会 著
◆AB判　◆176頁
◆定価1,785円（本体1,700円＋税）

日本刀精神と抜刀道
剣道、居合道修行者必見！　戦前、戦中、そして戦後。激動の時代を通じ、一貫して「真の剣の道」を追求し続けてきた抜刀道の生みの親、中村泰三郎が数々の生死を賭けた体験の中からつかみとった真髄の総て。「剣の道は、抜刀道をもって基本となす！」
◆中村泰三郎著　◆A5判　◆256頁
◆定価：1,890円（本体1,800円＋税）

武術革命
真の達人に迫る超人間学
真説・あなたの考えている「武術」は「武術」ではない！生命を懸けて作り上げた、世界に類をみない人間成長のための文化遺産をどう使うかは、現代に生きる、そして武術に取り組んでいる私たちの責任である！
◆日野晃著　●Ａ５判　◆264頁
◆定価：1,785円（本体1,700円＋税）

勝つ！合気道
「合気道S.A.」による「試合」を行う道理より得られた実戦「型」マニュアル。■構え／基本動作／受身／体捌き／打撃／正面突き一ヶ条抑え、前打ち肘締め、その他／多数前打ち小手返し、回し打ち呼吸投げ／他
◆櫻井文夫著　◆AB判　◆176頁
◆定価：1,785円（本体1,700円＋税）

秘武器の全てがわかる本
古流武術には様々な武器術が伝えられているが、表裏一体となって伝承された裏の武器群の存在を知る者は少ない。月刊「秘伝」誌上で連載された「古武術試考」が、大幅加筆・修正され、一冊の本となった。写真点数300点を一挙収録！
◆岩井虎伯著　◆A5判　◆248頁
◆定価：1,995円（本体1,900円＋税）

自然法則がカラダを変える！
三軸修正法
カラダの可能性が目覚める、正しいカラダのなおし方。今までの常識を覆す！物理現象から観たカラダの新常識。ヒトの建て付け（アライメント）を直すとのコンセプトのもと、やや難解な物理法則を豊富なイラスト･図解で紹介。
◆池上六朗著　◆四六判並　◆288頁
◆定価：2,100円（本体2,000円＋税）

システムRENKI
練気柔真法
66の実験ですべてがわかる、練気柔真法の集大成の１冊に。
■練気柔真法の概要／重力感覚の養成／身体中心の確保／伸筋主導／重みの伝達／呼吸力／気のパワー／メンタルトレーニング／養心／他。
◆宮崎剛史著　◆AB判　◆192頁
◆定価：1,995円（本体1,900円＋税）

武学入門
私という「身体」、その身体能力を目一杯活性化することは、「脳」を何百も持つということと同じです。頭を働かせ、身体を動かせ、刺激を感じ、刺激を与え、それを知覚化し、「身体全体を使いながら身体を学ぶ」、それが「武学」です。
◆日野晃 著　◆A5判　◆280頁
◆定価：1,785円（本体1,700円＋税）

中心力の時代
養神館合気道龍・安藤毎夫による故塩田剛三直伝の技の数々と共に師のキーワードである「中心力」を詳述。故塩田師との交流を書き綴った「中心力の時代」、巻末からは「護身技→基本で学ぶ養神館合気道の精髄」との二部構成。
◆安藤毎夫著　◆A5判　◆268頁
◆定価1,785円（本体1,700円＋税）

日本刀精神と抜刀道
剣道、居合道修行者必見！　戦前、戦中、そして戦後。激動の時代を通じ、一貫して「真の剣の道」を追求し続けてきた抜刀道の生みの親、中村泰三郎が数々の生死を賭けた体験の中からつかみとった真髄の総て。「剣の道は、抜刀道をもって基本となす！」
◆中村泰三郎著　◆A5判　◆256頁
◆定価1,890円（本体1,800円＋税）